예비 영유아 교사를 위한 **교육과정 워크북**

교육계획을 위한 이론과 연습

홍찬의 저

양 성 원

머리말

효과적이고 매력적인 수업은 어떻게 만들어지는가? '잘 가르치는' 교사의 전제 조건은 무엇인가? 영유아 교사의 전문성은 어디에서 발견되는가? 이 물음들은 교육을 바라보는 관점이나 철학에 따라 다르게 해석될 수 있는 어려운 질문이지만 공통적으로 '교육계획'과 관련이 있음을 알 수 있습니다. 교사는 단지 '가르치는 자'가 아니라 의도한 계획에 따라 교육적 경험을 제공하는 '전문적 실천가'이기 때문입니다. 좋은 수업에 있어서 중요한 것은 교육적으로 가치 있는 교육과정이 의도에 적합하게 실현되었느냐 하는 문제이며, 그 출발점이 교사의 교육계획에 있음을 주목해야 합니다. 교과서가 없기에 더 많은 자율성과 능동적 참여가 요구되는 영유아 교사들은 왜 가르치는 것인지, 무엇을 가르칠 것인지, 어떻게 가르칠 것인지와 같은 근본적인 물음들에 관한 끊임없는 질문과 반성의 과정을 통해 '스스로 확신할 수 있는 교육과정'을 개발할 수 있어야 하는 것입니다.

본 교재는 교육계획의 중요성을 인식하고 교육계획을 효과적으로 작성하고자 하는 예비 영유아 교사를 위하여 개발되었습니다. 유아교육과정, 보육과정, 교육실습, 보육실습, 교직실무, 교과교육론 등 교육계획안 작성에 관한 실제적인 연습이 필요한 교과목에서 부교재로 병행하여 활용할 수 있는 워크북 형태의 교재입니다.

총 13차시 수업에 맞게 구성된 본 교재는 1차시에서 교육계획 능력 사전 점검을, 마지막 13차시에서 사후 점검을 하여 한 학기 수업을 통한 향상 결과와 보완점을 확인해볼 수 있도록 구성하였습니다. 2차시에서는 계획안을 잘 써야 하는 이유에 대해 근본적으로 생각해보고, 3차시에서 9차시까지는 계획안의 가장 기본이 되는 단위활동 계획안의 작성방법 즉, 목표(3차시), 자료(4차시), 도입(5차시), 전개(6~7차시), 마무리(8차시), 평가(9차시) 작성방법에 대해 상세하게 알아보고 연습해볼 수 있게 하였습니다. 10차시~12차시는 9차시까지 학습한 내용을 토대로 계획-실행-평가의 전체적인 모습을 그리며 계획안 작성을 연습해보는 부분입니다.

본 교재를 활용한 교육계획 연습이 국가수준에서 '주어지는 교육과정'이 아니라 교실 수준에서 '만들어가는 교육과정'을 실천할 수 있는 디딤돌이 되어, 최적의 교육을 실현할 수 있는 영유아 교사로 성장하기를 기대합니다.

2017년 2월

저자 드림

차 례

1차시 나의 교육계획 능력 점검하기

교육계획은 효율적이고 매력적인 수업으로 이끌기 위한 교사의 의무이자 권리이다. 교사는 교육계획을 통해 교육 현장의 변화를 주도할 수 있기에 교육계획은 교사의 가장 중요한 업무 중 하나라고 볼 수 있다. 교육계획과 실제 수업은 이원화된 과정이 아니라 실제 수업에서 교육계획의 미흡한 점이 지속적으로 수정·보완되고, 수정된 계획안은 다시 수업에 반영되는 체계적인 순환의 과정이다. 따라서 잘 구성된 교육계획안은 좋은 수업을 담보하기 위한 첫 걸음이 된다.

그럼에도 불구하고 교육계획을 잘 하는 일이란 쉽지 않으며 계획안을 쓸 때 종종 다음과 같은 의문이 들기도 한다.

> 아무리 연습해도 계획안 쓰기에 자신이 없다.
> 계획안에 무엇부터 써야 할지 막막할 따름이다.
> 계획안을 왜 써야 하는지 그 이유를 모르겠다.
> 계획안의 목표는 형식적으로 쓰는 것이다.
> 내가 쓴 계획안대로 수업하면 지루하지 않을까 걱정된다.
> 늘 비슷한 내용을 반복할 때가 있다.
> 한 번 쓴 계획안은 어차피 다시 보지 않는다.

본 교재에서는 이러한 망설임이나 어려움을 해결하기 위하여 먼저 교육계획안을 잘 써야 하는 이유를 살펴보고, 교육계획의 가장 기본단위인 단위활동계획안 작성에 대한 지침들을 알아보고 연습해볼 것이다.

이에 앞서 현재 나의 교육계획 능력은 어느 정도인지 점검해보기로 하자. 제한시간 40분에 맞춰 단위활동계획안을 작성해본 후, 다음의 질문에 대해 생각해보자.

- 어느 부분을 작성할 때 시간이 오래 걸렸는가? 그 이유는?
- 시간이 충분히 주어진다고 해도 완성하지 못할 것 같은 부분은 무엇인가? 그 이유는?

사전진단 다음에 주어진 활동명, 생활주제, 활동대상, 활동형태 및 유형을 토대로 단위활동계획안을 자유롭게 작성해보자. (제한시간: 40분)

활동명	한복에 대해 알아봐요.	생활주제	우리나라
활동대상	만5세	활동형태 및 유형	대집단활동-이야기나누기
활동목표			
누리과정 관련요소			
활동자료			
활동방법			

활동방법	
참고사항	
확장활동	

2차시 계획안을 잘 써야 하는 이유

‘교육계획’ 하면 가장 먼저 무엇이 떠오르는가? 어떤 이유로 교육계획이 필요하다고, 또는 필요하지 않다고 생각하는가? 아래의 빈 칸에 교육계획에 대한 이미지를 그림으로 나타내보자.

실제로 교육 현장의 많은 교사들은 교육계획의 중요성을 인식하고는 있지만 실제 수업에서 교육계획을 제대로 하지 않거나, 교육계획이 ‘보여주기’ 위한 형식적인 행위이며 경험에 의해서도 수업은 잘 진행될 수 있다고 생각하기도 한다. 다음은 유치원 교사와의 인터뷰에서 발견하게 된 교육계획에 대한 긍정적 이미지와 부정적 이미지이다. 두 교사 역시 교육계획안이 꼭 필요하다는 데에 동의를 하면서도 ‘안 좋은 것 같다’, ‘시간낭비이다’ 등의 부정적 표현을 사용하는 등 교육계획안 작성에 대한 모순된 이미지를 가지고 있다.

긍정적 이미지

교육계획을 하면 너무 자세히는 아니더라도 **큰 그림, 굵직한 그림이 그려져요.** 계획을 미리 해 놓아야 당황하지 않을 거라는 생각을 갖고 있어요. 또 교육계획을 안하면 대부분 이야기, 언어, 대집단활동이 많으니까, 다른 **활동을 골고루 하고 있는지 점검**할 수 있으니까 필요한 것 같아요.

— A교사와의 심층면담 중에서

교육계획은 꼭 필요한 것 같아요. 연차(경력)가 높은 것도 아니고 수업 기술이 좋은 것도 아니니까, 전 날이라도 **수업 방향을 잡고** 가는 날은 수업이 잘 되고, **자신 있게** 수업이 진행이 돼요.

— B교사와의 심층면담 중에서

부정적 이미지

정보를 많이 제공해야 하는 활동은 준비를 많이 해야 하지만, 아이들로부터 활동을 끌어내야 하는 수업에서는 계획을 하면 오히려 **내가 계획한대로 수업을 이끌고 있어서 안 좋은 것 같아요.** 아이들이 보이는 **엉뚱한 반응을 수용하지 못하고,** 내가 원하는 대로 수업하는 것일 수도 있잖아요.

– A교사와의 심층면담 중에서

내 머릿속에 수업에 대한 방향성이 있다면 안 써도 된다고 생각해요. 이야기나누기 발문을 써보는 것은 좋지만 특히 자유선택활동 쓰는 것은 **시간낭비**인 것 같아요.

– B교사와의 심층면담 중에서

그러나 교과서가 없고, 과정 지향적 성격을 띠는 유아교육의 특성상 교사들은 교육계획에 많은 결정권을 쥐고 있으며 교육계획을 하는 일은 교사로서 전문성을 발휘하게 되는 중심 업무이다. 교육계획의 중요성을 구체적으로 살펴보면 다음의 여섯 가지로 정리될 수 있다.

① 교육계획은 수업이 나아가야 할 방향을 제시한다.

▪ 수업이 나아가야 할 방향 제시

교육계획안은 수업의 흐름이나 진행방향을 제시해주는 지침서 역할을 한다. 본질적으로 좋은 수업을 위한 고정된 절차나 원리는 존재하지 않지만 교육계획을 통해 보다 효과적인 수업을 실시할 수 있게 됨으로써 유아에게는 가장 적절한 경험을 교사에게는 명확한 역할을 제시하게 된다. 통합성, 융통성, 우연성이 강조되는 유아교육의 특성으로 인하여, 계획대로 수업이 이루어지지 않는 경우가 자주 일어나지만 계획은 적어도 수업에 대하여 '왜, 무엇이 중요한가?', '다른 내용과 어떻게 관련되며, 어떤 방법을 동원할 것인가?'와 같은 흐름을 볼 수 있는 하나의 큰 그림이므로 비중 있게 다루어져야 한다.

② 교육계획은 수업의 자율적이고 융통적인 운영을 가능하게 한다.

▪ 수업의 자율적, 융통적 운영 가능

누리과정이 국가수준교육과정으로 개발되어 고시되었다 하더라도 이는 전국의 모든 유아교육기관에서 획일적으로 적용되어야 한다는 것이 아니라, 교육계획을 통해 지역적 특성과 여건, 유아교육기관의 실정, 교사의 자율성, 유아들의 특성에 따라 자율적으로 운영되어야 함을 의미한다. 서울특별시교육청(2014)에서는 교육과정 편성 및 운영에 국가와 사회의 요구를 분석하고 시사점을 반영하되, 교원 · 유아 · 학부모 · 지역사회의 요구를 반영하고, 자율성 · 다양성 · 창의성을 발휘해야 함을 강조한 바 있다. 자율적이고 융통적인 수업을 위한 교사의 교육계획은 교육부가 개발하여 현장에 제시한 자료로 인해 교육활동이 획일화될 가능성에 대한 우려, 지도서에서 제시하고 있는 활동의 똑같은 구조와 패턴화가 교육과정 실행의 반복적 재생산의 결과를 가져올 수 있다는 우려, 복잡한 유아교육현장의 현실을 단순화시킬 수 있다는 우려 등으로부터 탈피할 수 있도록 한다.

▪ 수업이 오류를 범하거나 실패할 확률이 낮음

③ 교육계획은 수업이 오류를 범하거나 실패할 확률을 줄여준다.

수업에서의 오류나 실패는 쉽게 교정하거나 되돌리기가 어렵다. 이를 미연에 방지하기 위해서 교사는 수업에서 예상되는 학습자 집단에 대한 정보를 획득하고 이를 분석하는 작업을 거치면서 학습자의 입장에서 학습자에게 적합한 수업을 계획해야 한다. 이를 통해 학습자의 적극적인 수업참여를 유도하고 궁극적으로 수업의 효과를 높일 수 있게 되는 것이다. 유아교사들은 목표 설정이 명확하고, 평가를 고려하며, 물리적 환경을 포함하여 사전 준비가 잘 된 상태에서 좋은 수업이 이루어질 수 있다고 인식하고 있으며(박혜경, 2010), 수업 전에 충분한 계획을 세우고 수행한 수업이 그렇지 못한 수업보다 효과적이라는 연구들(김영옥, 2001; 변영계, 이상수, 2003)은 완성도 높은 수업을 위해서는 교육계획이 선행되어야 함을 뒷받침한다.

▪ 수업을 경제적으로 이끔

④ 교육계획은 수업을 경제적으로 이끈다.

효과적인 수업은 일반적으로 수업의 목적과 목표를 분명하게 밝히고, 목표를 획득할 수 있는 수업활동을 계획하고, 목표의 획득을 평가할 수 있는 평가도구를 개발하고, 마지막으로 평가 결과에 따라 수업을 수정하는 네 가지 과정을 따른다. 수업의 목표와 평가의 과정이 축소되고 내용과 방법에 초점이 맞춰져 있는 교육계획은 수업의 효과성과 명확성 면에서 취약할 수밖에 없다. 교사는 자신의 수업활동에 대한 목표설정과 내용선정 및 방법의 조직에 대한 근거, 기대되는 결과와 후속 학습과의 관계 등에 대한 분명한 시야를 가지고 있어야 한다. 또한 투입과 산출의 측면에서 투입은 가능한 한 적게 하고 산출을 최대한으로 높이기 위해서 시간 및 자원의 낭비 없이 학습자의 수업 참여를 증진시킬 수 있어야 하는데 이때 교육계획안은 효과적인 도구가 된다.

⑤ 교육계획은 교사가 체계적인 반성적 사고를 할 수 있는 지지대 역할을 한다.

■ 반성적 사고의 지지대

교육계획은 수업을 계획, 선정, 준비, 제시하는 것뿐만 아니라 평가하고 수정하는 것까지 포함하는 광범위한 활동이며(Moallem, 1998), 효과적이고 효율적인 수업을 위한 교정적이고 체계적인 접근방법을 의미한다(Shrock, 1995). 교사들은 교육계획을 토대로 자신의 교육 경험에 대해 체계적인 반성적 사고를 하게 되며 이러한 과정에서 습득하게 된 교육에 대한 실천적 지식은 더욱 전문성 있는 교육과정과 수업활동의 진행으로 연결된다.

⑥ 교육계획은 교육과정 평가의 중요한 근거 자료가 된다.

■ 교육과정 평가의 근거자료

교육과정 평가에서 가장 우선적인 평가의 영역은 교육과정 문서 자체이며, 교과서가 없는 영유아교육의 특성상 교육계획안은 실제 교수·학습 과정을 반영하는 유일한 자료가 된다. 유아교육기관에서 교사가 작성하는 교육계획은 그 기관의 교육과정을 이해하는데 중요한 자료가 될 수 있으며 3~5세 연령별 누리과정 해설서(교육과학기술부, 보건복지부, 2013)에서 제시한 누리과정 운영 평가 지침에서도 교육계획안 분석을 중요한 평가방법의 하나로 보고 있다.

이상에서 살펴본 여러 가지 이유 때문에 영유아교사들은 계획안 작성에 대한 두려움을 떨치고 능숙하게 수업을 전개해나가기 위해 계획안 작성을 위한 연습을 부단히 해야 할 것이다. 이제 3차시부터 9차시까지의 과정을 통해 교육계획의 가장 기본 단위인 단위활동계획안 작성방법을 알아볼 것이다.

활동목표 바르게 작성하기, 유아에게 적합한 활동자료 선정하기, 활동의 도입 작성하기, 기초적인 수업모형 익히기, 유아의 사고를 자극하는 발문하기, 성취감과 기대감으로 이어지는 활동의 마무리 작성하기, 다음에 수업에 도움이 되는 활동평가하기에 대하여 차례차례 연습해보기로 하자.

3차시 활동목표 바르게 작성하기

교육목표는 수업에서 나침반 역할을 하며 목표가 바르게 선정되었을 때 수업의 방향이 명확해지고 밀도 있는 교수학습 활동의 전개를 통해 유아들의 성취를 높일 수 있다. 단위활동계획안의 활동목표는 월, 주, 일일활동계획안의 목표와는 달리, 유아가 단위활동을 통하여 무엇을 배우게 될 것인가에 대해 매우 구체적인 진술문으로 작성되어야 하며, 교사는 다음과 같이 활동목표를 머릿속에 뚜렷하게 인식하고 수업을 전개해나가야 한다.

나는 수업을 통해 유아들이 ……	*무엇을 알게 되기를 기대하는가 (지식),* *무엇을 할 수 있게 되기를 기대하는가 (기능),* *어떠한 태도를 습득하기를 기대하는가 (태도)*

활동목표가 수업의 길잡이가 되어야 함에도 불구하고 교사들에게는 교수 · 학습 과정의 흐름을 유지하고 유아들의 행동을 관리하는 것이 시급한 과제이기 때문에 교육계획의 과정에서 목표보다는 가르칠 내용이나 상황, 활동을 우선적으로 고려하거나 '목표는 형식적인 것', '목표 따로, 실행 따로'라고 여기기도 한다.

수업에서 가르칠 목표를 결정하는 일은 무엇보다도 어려운 문제이다. 그러나 국가수준 교육과정의 목표가 그 자체로는 바로 수업을 위한 목표가 될 수 없으며, 교사용 지도서에 제시된 활동을 실행한다 하더라도 제시된 활동목표에서 무엇을 추가하고 무엇을 뺄 것인가, 또는 수정할 것인가를 결정하는 일은 반드시 선행되어야 한다. 교육목표에 대한 인식이 뚜렷하고 구체적일수록 수업에 임하는 교사의 태도나 발문, 유아에 대한 기대치 등이 명료해지고 효과적인 수업 상황이 계획되어 수업을 성공적으로 이끌어갈 가능성을 높여줄 것이다.

이와 관련하여 Cooper(2011)는 교육목표가 수업 실행 단계에서 사용될 수 있음을 제안하였다. 교육목표를 학생들에게 제시함으로써 교사가 기대하는 것이 무엇인지를 학생들에게 명확하게 보여주어 학습 결과를 더 나아지게 하고, 학생들이 수업이 끝난 후에 무엇을 알게 될 것인지 혹은 무엇을 할 수 있게 될 것인지를 미리 알게 함으로써 수업에 대한 학생들의 참여를 높일 수 있다는 것이다. 또한 수업이 원래 의도했던 방향으로 진행되는 데 도움이 되어 수업이 삼천포로 빠지더라도 효과적으로 대처할 수 있다고 보았다.

Cooper(2001)가 설명한 교육목표의 중요성과 활용에 대한 인식은 유아교육기관의 교실에서도 적용해볼 만하다. 일반적으로 교사들은 등원하여 전체 유아가 함께 모인 자리에서 인사를 나누거나 하루일과를 소개하는 일에 그친다. 그러나 교사가 하루 동안 이루어질 주요 활동의 목표를 효과적으로 설정하고 이를 바탕으로 유아들에게 '오늘 새롭게 알게 될 점'(지식), '오늘 유치원(어린이집)에서 하게 될 일'(기능), '오늘 우리 반이 꼭 지켜야 할 약속'(태도) 등에 대해 이야기를 나눈다면, 각 단위활동이 목표에 따라 운영되는 데에 도움이 될 것이다. 또한 유아들은 하루일과 속에서 이루어지게 될 활동에 대한 기대감, 혹은 호기심, 마음가짐 등을 나름대로 형성하여 더욱 의미 있게 활동에 참여하게 될 것이다. 귀가 전 하루를 평가하는 시간에는 아침에 교사가 말하였던 목표들이 달성되었는지 즉, '무엇을 알게 되었는지', '무엇을 할 수 있었는지', '약속은 지켜졌는지' 등에 대해 유아들과 이야기 나누어봄으로써 효과적이고 맥락이 있는 교육적 경험을 제공할 수 있을 것이다.

이제 활동목표의 중요성에 대한 인식을 바탕으로 활동목표를 바르게 작성하기 위해 고려해야 할 점을 알아보고, 연습해보자.

① 지식, 기능, 태도에 관한 목표가 고르게 선정되도록 한다.

▪ 지식, 기능, 태도를 고르게 반영

유아교육과정에서는 유아가 통합된 전체 경험으로서 활동하고 배우기를 기대한다. 때문에 하나의 단위활동이라도 지식과 기능, 태도에 관한 목표가 고르게 선정되는 것이 바람직하다. 아래의 예는 지식에 관한 목표만 있는 활동목표를 수정한 예이다.

▪ **좋지 못한 예**
- 도서관을 이용하는 방법에 대해 안다. (지식)
- 도서관에는 다양한 책이 있음을 안다. (지식)

▪ **좋은 예**
- 도서관을 이용하는 방법에 대해 안다. (지식)
- 도서관과 유치원 도서 영역의 공통점과 차이점을 비교해볼 수 있다. (기능)
- 다른 사람을 배려하는 마음으로 조용하게 책을 읽어본다. (태도)

지식, 기능, 태도와 관련하여 쓸 수 있는 동사의 예는 다양하나, 주의해야 할 점은 의미가 모호하거나 발달수준에 적합하지 않은 동사는 지양해야 한다는 것이다. 또 유아가 수행하거나 성취해야 할 행동들을 관찰 가능하고 명료한 문장으로 표현해야 한다. 이를 위해서는 목표에서 사용한 동사를 의문문으로 바꾸어서 관찰 가능한지 확인하는 것도 좋은 방법이다. 예를 들어, '~를 즐긴다.'라는 목표를 '~를 즐기는가?'로 바꿔봤을 때 유아들의 내적 심리상태를 묻는 것으로 사람에 따라 의미가 달라질 수 있으므로 관찰하기 모호하여 부적절한 목표라고 판단된다. 그러나 '~을 칭찬한다.'라는 목표를 '~을 칭찬하는가?'로 바꿔봤을 때 칭찬을 하는지 아닌지를 객관적으로 관찰할 수 있기 때문에 '즐긴다'보다는 '칭찬한다'가 목표에 어울리는 표현인 것이다.

'비교해본다'와 '비교할 수 있다'의 차이
유아들이 수업을 마친 후 '비교할 수 있게 되기'를 기대한다면 '비교할 수 있다'라고 목표를 선정하게 되지만, '비교해보는 경험을 갖는 것'만으로도 교육적 의미가 있다고 보는 경우에는 '비교해본다'로 목표를 선정할 수 있다. 즉 유아의 발달적 특성상 경험을 중요시하는 경우 '~해본다'와 같은 목표 진술문을 사용하게 되는 것이다.

✔. 지식, 기능, 태도와 관련하여 쓸 수 있는 동사의 예

지식	기능	태도
안다 탐색해본다 설명한다 예를 들어본다 구분한다.	비교해본다 셀 수 있다 연결할 수 있다 순서지어 본다 예측해본다	칭찬한다 배려한다 지킨다 약속을 지킨다 노력한다

목표 작성을 위한 연습 1. 다음 문장을 읽고 지식과 관련된 목표에는 '지', 기능과 관련된 목표에는 '기', 태도와 관련된 목표에는 '태'라고 써보자.

___지___ 예. 유괴 상황에서 안전하게 대처하는 방법을 안다.

________ 1. 재능기부의 의미를 안다.

________ 2. 이야기를 듣고 자신의 생각을 말할 수 있다.

________ 3. 필요한 물건과 사고 싶은 물건이 다를 수 있음을 안다.

________ 4. 구슬을 이용하여 5이하 수의 간단한 덧셈을 해본다.

________ 5. 바른 자세로 인형극을 감상한다.

② 활동형태와 관련된 목표가 포함되어야 한다.

■ 활동형태와 관련지어 작성

이야기나누기, 새노래 배우기, 게임, 신체표현, 동시짓기 등 여러 가지 활동형태는 고유의 목적을 가지고 유아에게 다양한 경험을 제공한다. 따라서 활동목표에도 각각의 활동형태를 경험하면서 유아가 습득하게 될 내용이 잘 드러나도록 작성해야 한다. 아래의 예는 한복을 입어보는 활동이 어떤 활동형태를 통해 이루어지고 있는지 드러나지 않아서 수정한 것이다.

■ **좋지 못한 예** (이야기나누기 수업에서: 이야기나누기에 요구되는 목표가 없음)
- 한복을 입는 방법을 안다.
- 한복을 순서에 맞게 입는다.
- 한복의 아름다움을 느껴본다.

■ **좋은 예**
- 한복을 입는 방법을 안다.
- 한복을 입어본 경험에 대해 친구들에게 말할 수 있다. (이야기나누기 관련 목표)
- 한복의 아름다움을 느껴본다.

목표 작성을 위한 연습 2. 다음 활동목표에서 활동형태를 알 수 있는 목표가 무엇인지 찾아 ○표 해보자.

- 옛날 바느질 도구의 기능과 이름을 안다. (　　　)
- 이야기를 듣고 극으로 표현할 수 있다. (　　　)
- 친구와 협력하여 활동에 즐겁게 참여한다. (　　　)

③ 활동내용과 관련된 목표가 포함되어야 한다.

■ 활동내용과 관련지어 작성

활동형태와 관련된 목표와 더불어 활동내용과 관련된 목표가 포함되어야 한다. 이는 진행될 활동이 주제 또는 소주제와 어떠한 관련이 있고, 어떠한 맥락에서 활동이 선정되었는지 연계성을 나타내기 위함이다. 다음의 예는 게임활동이 어떠한 주제로 진행되는지가 드러나지 않아서 수정한 것이다.

■ **좋지 못한 예** (게임 수업에서: 어떤 주제나 내용으로 게임을 하는지 드러나지 않음)
- ◦ 게임에 필요한 약속을 스스로 정해본다.
- ◦ 약속을 지키며 게임할 수 있다.
- ◦ 게임에 즐겁게 참여한다.

■ **좋은 예**
- ◦ 게임에 필요한 약속을 스스로 정해본다.
- ◦ 생활도구와 생활도구가 사용되는 곳을 바르게 짝지어 본다. (주제가 드러남)
- ◦ 게임에 즐겁게 참여한다.

목표 작성을 위한 연습 3. 다음의 활동목표를 해당 소주제가 드러나도록 다시 작성해보자.

◦재료의 변화과정을 관찰하여 설명해본다.

소주제: 떡 ⇒

■ 행동적 목표 또는 표현적 목표의 구조에 맞춰 작성

④ 행동적 목표 또는 표현적 목표의 구조에 맞춰 작성한다.

행동적 목표는 성취여부를 직접 측정할 수 있다는 특징이 있고, 표현적 목표는 활동을 통해 유아가 경험하게 될 교육적 만남을 중요시한다는 특징이 있다. 유아의 발달적 특성을 고려해볼 때 표현적 목표를 선호하는 경향이 있지만, 기본생활습관이나 수·과학 활동 등 경우에 따라서는 행동적 목표로 진술하는 것이 적절하다.

행동적 목표
조건+준거+도달점행동
조건: 도달점 행동이 일어나는 학습 조건
준거: 학습자가 어느 정도 해야 잘했다고 할 수 있는지를 밝히는 것
도달점 행동: 수업을 통해 달성하려는 행동 특성

활동목표를 선정할 때에는 연령과 활동 특성을 고려하여, 행동적 목표와 표현적 목표 중 더 적절한 형태가 무엇인지 판단하고 그에 맞게 작성해야 한다. 행동적 목표를 작성할 때에는 준거와 도달점을 명시해야 하며, 표현적 목표로 작성할 때에는 경험해야 할 문제와 과제를 명시해야 함을 주의해야 한다. 다음의 예는 행동적 목표와 표현적 목표의 구조가 드러나지 않아 수정한 것이다.

■ **좋지 못한 예**

◦ 수를 바르게 더해본다. (행동적 목표에서 조건과 준거가 불분명함)

◦ 가을의 모습을 표현해본다. (표현적 목표에서 상황과 문제가 불분명함)

■ **좋은 예**

◦ 1에서 5까지의 숫자로 이루어진 덧셈을 정확하게 할 수 있다.
(1에서 5까지의 숫자로 이루어진 덧셈을: 조건 / 정확하게: 준거)

◦ 여러 가지 가을 열매를 이용하여 가을의 모습을 나름대로 꾸며본다.
(여러 가지 가을 열매를 이용하여: 상황 / 나름대로: 문제)

표현적 목표
상황+문제+과제
상황: 학습활동이 이루어지는 환경
문제: 학습자가 활동을 할 때 어디에 의미를 두는가 밝히는 것
과제: 학습자가 활동에 둔 의미를 표현하는 방법

목표 작성을 위한 연습 4. 다음의 활동목표를 행동적 목표 또는 표현적 목표의 구조가 잘 드러나도록 다시 작성해보자.

◦도형의 규칙성을 발견할 수 있다.

행동적 목표 ⇒

◦가을의 자연물을 탐색해본다.

표현적 목표 ⇒

⑤ 구체적으로 작성한다.

■ 구체적으로 작성

올바른 단위활동계획안의 목표는 목표만 읽어봐도 어떠한 수업이 이루어질 것이라는 대략적인 짐작이 가능하도록 작성된 것이다. 따라서 수업을 통해 유아가 달성하기를 기대하는 지식, 기능, 태도를 구체적인 내용을 담아 작성해야 한다. 아래의 예는 한복의 특징 중 무엇에 초점을 두어 알아볼 것인지, 무엇에 대한 경험과 생각을 말해보게 할 것인지가 불분명하여 수정한 것이다.

■ **좋지 못한 예**
- 한복의 구조에 대해 알아본다.
- 한복에 관심을 갖는다.
- 자신의 경험과 생각을 말로 표현해본다.

■ **좋은 예**
- 한복을 이루는 치마, 저고리, 배자 등에 대해 알아본다.
- 우리나라 전통 의상인 한복의 부분별 명칭에 관심을 갖는다.
- 한복을 입어본 경험을 회상하여 말로 표현해본다.

목표 작성을 위한 연습 5. 다음의 활동목표를 읽고, 활동목표를 바르게 작성하기 위해 고려해야 할 점 5가지 중 어떠한 기준이 충족되지 않았는지 √표시 해보자. 또 기준이 충족될 수 있도록 수정해보자.

- 만국기에 대해 알아본다.
- 국기를 여러 기준에 따라 분류한다.
- 만국기 만드는 활동에 즐겁게 참여한다.

⇓

- ☐ 지식, 기능, 태도가 고르게 반영되었는가?
- ☐ 활동형태가 드러나는가?
- ☐ 활동내용이 드러나는가?
- ☐ 행동적 목표 또는 표현적 목표의 구조를 갖추었는가?
- ☐ 구체적으로 작성하였는가?

⇓

연습문제 3-1

다음은 만3세 단위활동계획안이다. 활동명, 활동방법 등을 읽고, 알맞은 활동목표를 작성해보자.

활동명	폴짝 폴짝 쑥! 쑥!	생활주제	유치원과 친구
활동대상	만 3세	활동형태 및 유형	대·소집단활동-바깥놀이
활동목표			
누리과정 관련요소	• 신체운동·건강 : 신체조절과 기본 운동하기 – 제자리에서 운동하기 • 신체운동·건강 : 신체활동에 참여하기 – 바깥에서 신체활동하기 • 자연탐구 : 탐구하는 태도 기르기 – 호기심을 유지하고 확장하기		
활동자료	밧줄, 이중직 고무 밴드, 고무 밴드에 매달 유치원/어린이집 바깥놀이 시설 사진 자료		
활동방법	**1. 바깥놀이터로 가기 전 교실의 이야기나누기 자리에 모여 앉는다.** - 선생님이 사진을 가져왔는데, 어떤 사진일까? - (놀이터 사진을 보여 주며) 이곳은 어디일까? - 이곳에서는 어떤 놀이를 할 수 있을까? - (모래놀이 사진을 보여 주며) 이곳에서는 어떤 놀이를 할 수 있니? - 바깥놀이터에는 또 어떤 것들이 있을까? - 또 어떤 놀이기구들이 있을까? **2. 바깥놀이를 시작하기 전 바깥놀이를 한 바퀴 둘러본다.** - 사진에서 봤던 것을 발견했니? - 어떤 것을 발견했니? **3. 폴짝 폴짝 뛰기 놀이에 대해 이야기 나눈다.** - (카드가 매달려 있는 밧줄 앞에서) 어떤 사진들이 있니? - 어떻게 놀이하는 걸까? - 어떤 곳의 사진이 잡기가 쉬우니? - 어떤 곳의 사진이 머리에 닿기 힘이 드니? - 어떤 방법으로 뛰면 높이 뛸까? - 한 손으로 잡기가 쉬우니? 두 손으로 잡기가 쉬우니? **4. 밧줄에 달려 있는 코팅 자료를 보며 한 사람씩 폴짝 폴짝 뛰며 자유롭게 잡기 놀이를 한다.**		

* 3세 누리과정 교사용 지도서 '유치원/어린이집과 친구, 활동 1-14'에서 부분 발췌하여 재구성함.

연습문제 3-2 다음은 만4세 단위활동계획안이다. 활동명, 활동방법 등을 읽고, 알맞은 활동목표를 작성해보자.

<table>
<tr><th>활동명</th><td>이리와</td><th>생활주제</th><td>유치원과 친구</td></tr>
<tr><th>활동대상</th><td>만 4세</td><th>활동형태 및 유형</th><td>대·소집단활동-동시</td></tr>
<tr><th>활동목표</th><td colspan="3"></td></tr>
<tr><th>누리과정 관련요소</th><td colspan="3">• 의사소통 : 듣기 – 동요, 동시, 동화 듣고 이해하기
• 의사소통 : 말하기 – 느낌, 생각, 경험 말하기
• 의사소통 : 읽기 – 읽기에 흥미 가지기</td></tr>
<tr><th>활동자료</th><td colspan="3">동시 '이리와'(하예진) PPT</td></tr>
<tr><th>활동방법</th><td colspan="3">1. 동시 제목을 보며 동시 내용을 예측해본다.
- 동시 제목을 선생님이 읽어줄테니 잘 들어보자.
- '이리와'라고 누가 말하는 것 같니?

2. 동시를 감상한다.
- 동시를 어떤 자세로 들으면 좋을까?

<이리 와> - 하예진

어! 잠깐만
무슨 소리가 들리지 않니?

사랑반! 이리와
아주 아주 조그만 소리가 들려
누가 말하는 거지? 하고 살펴보니
여기서 뚝딱뚝딱 집을 만들 수 있는 레고가
저기서 으르르릉 힘이 센 공룡인형이
요기서 알록달록 예쁜 색연필이
조기서 속닥속닥 재밌는 이야기가 담긴 동화책이

사랑반 친구들과 함께 놀고 싶어서
이리와~ 이리와~ 하고 속삭이고 있어

3. 동시 내용을 부분적으로 바꿔가면서 읊어본다.
- 우리 반에서 '이리와'라며 속삭일 놀잇감에는 뭐가 있을까?
- 그 놀잇감은 어떤 말로 표현하면 좋을까?
- 소리나 움직임을 나타내는 말을 생각해서 놀잇감에 말을 이어가면서 이야기를 만들어보자.

4. 동시 감상에 대한 느낌을 이야기해본다.
- 동시를 감상해본 느낌이 어떠니?
- 새롭게 바꾼 내용으로 동시를 읊어 본 느낌은 어떠니?</td></tr>
</table>

* 4세 누리과정 교사용 지도서 '유치원/어린이집과 친구, 활동 1-8'에서 부분 발췌하여 재구성함.

연습문제 3-3 다음은 만5세 단위활동계획안이다. 활동명, 활동방법 등을 읽고, 알맞은 활동목표를 작성해보자.

활동명	반 이름의 의미를 알아보아요	생활주제	유치원과 친구
활동대상	만 5세	활동형태 및 유형	대·소집단활동-이야기나누기
활동목표			
누리과정 관련요소	• 의사소통 : 말하기 – 느낌, 생각, 경험 말하기 • 의사소통 : 쓰기 – 쓰기에 관심가지기 • 사회관계 : 다른 사람과 더불어 생활하기 – 공동체에서 화목하게 지내기		
활동자료	'~하고 ~한 ○○반'이라고 크게 적혀 있는 활동지		
활동방법	**1. 우리 반 이름이 가지고 있는 의미에 대해 이야기 나눈다.** - 우리 반의 이름을 알고 있니? - 왜 우리 반의 이름을 ○○으로 정했을까? - ○○하면 무엇이 생각나니? - 우리가 ○○의 어떤 점을 닮게 되면 좋을까? **2. 친구들과 협력하여 ○○반의 반 훈을 정해본다.** - 여기에 ' ~하고 ~한 ○○반'이라는 글씨가 쓰여 있는 종이가 있어. - 우리 반이 어떤 반이 되었으면 좋겠는지 잘 생각한 다음에 생각나는 말을 적어보자. - 다 적은 사람은 둘씩 짝을 지어, 서로 생각을 나누고 둘이 하나로 생각을 모아 적어보자. - 다 적은 팀은 다시 두 팀씩 짝을 지어, 서로 생각을 나누고 두 팀이 하나로 생각을 모아 적어보자. **3. 정해진 반 훈을 함께 읽어보고 느낌을 이야기 나눈다.** - 우리가 함께 정한 반 훈은 무엇이니? - 우리가 그런 반이 되기 위하여 어떤 점을 노력하면 좋을까?		

* 5세 누리과정 교사용 지도서 '유치원/어린이집과 친구, 활동 1-5'에서 부분 발췌하여 재구성함.

4차시 유아에게 적합한 활동자료 선정하기

단위활동계획안의 활동목표가 설정되고 나면 어떤 재료나 도구를 이용하여 수업을 진행해야 수업 목적을 달성하고 수업에 대한 유아들의 참여를 증진시킬 수 있을 것인가를 고민하고 결정해야 한다. 교사는 유아의 사전 경험, 흥미, 발달수준, 요구 등에 대한 지식을 바탕으로 유아에게 적합하고 풍부한 활동자료를 선정하여 구체적인 수업을 계획해나가게 된다.

수업에 사용할 수 있는 기본적인 자료에는 교구, 실물, 인쇄물, 동영상이나 PPT자료와 같은 멀티미디어 등이 있다. 수업에서 다양한 자원을 활용하는 것은 유아들의 흥미와 호기심을 불러일으키며, 교육내용에 대한 유아들의 이해를 돕고, 주의집중 시간을 지속시키는 등 매우 중요한 역할을 한다.

그런데 최근 유아교육기관에서 사용하는 활동자료의 비중이 사진이나 영상자료에 많이 치우치는 추세이며 교사들은 유아기의 발달적 특성상 실물자료가 중요하다고 인식은 하지만 적극적으로 활용하지 못하기도 한다. 교과서를 수업자료로 사용하는 초등학교와는 달리, 활동마다 활동자료를 찾거나 만들어서 수업하는 것은 여러 가지 업무 속에서 하루일과를 바쁘게 살아가는 유아교사들에게 쉬운 일이 아니기 때문이다. 또한 유아교육기관에 멀티미디어시설이 확산·보급되면서 각 교실에서 PPT나 동영상 자료에 쉽게 접근할 수 있게 되었고 유아들은 화면이 빠르게 전환되는 멀티미디어 자료에 집중을 잘하여 교사가 수업을 이끌어나가기 수월하다는 이유로 이러한 형태의 수업자료를 선호하기도 한다.

하지만 수업에서의 수월함이나 유아들의 관심이 좋은 수업을 보장한다고 오판해서는 안 된다. Piaget가 전조작기, Bruner가 동작적 표상단계라고 설명한 유아기 발달적 특성과 관련지어볼 때 실물 위주의 자료가 유아들에게 적절함을 기억해야 한다. 구체적으로 실물자료가 중요한 몇 가지 이유를 정리해보면 다음과 같다.

> **전조작기**
> 피아제의 4단계 인지발달 단계 중 두 번째 단계로서 2~7세에 해당됨. 상징적 표상을 할 수 있게 되지만, 자기중심적 사고를 하고 논리적 조작이 나타나지 않음

> **동작적 표상단계**
> 브루너가 제시한 인지발달에 대한 3가지 표상양식에서 첫 번째 단계. 동작적 표상단계의 유아들에게는 실물 그대로를 제시할 때 개념, 지식, 아이디어를 이해하는데 효과적임

- 실물자료는 정보에서 지식으로 이끄는 훌륭한 자원이다.
- 유아들은 개념과 원리를 탐구하기 위하여 구체적인 물체를 조작행동에 의해 인지해간다.
- 실물자료는 유아의 자발성과 흥미를 유발하고, 정서적으로 안정감을 느끼게 한다.

수업에 실물자료를 다수 포함시키기 위해서는 수업을 계획하고 준비하는 단계에서 실물을 포함시키고자 하는 교사의 적극적인 의지가 필요하다. 교육계획안의 활동자료를 실물, 사진, 영상 자료 등으로 구분하여 교사 스스로 그 비율이 어느 정도 되는지 체크해보는 것도 방법이 될 수 있다.

유아에게 적합한 활동자료를 선정한 후에는 교육계획안에 활동자료에 대한 자세한 정보를 담아내는 것이 중요하다. 활동자료란에 '이야기나누기 자료', '노래 자료'라고 간단하게 적는 것은 교육계획안이 다른 교사와 공유될 때나 이후에 교육계획안을 작성할 때 아무런 도움이 되지 못한다. 반면 수업자료의 형태, 수, 양, 크기, 내용을 자세히 적거나 관련 사진을 첨부하는 등 '누가 봐도 수업자료가 투명하게 그려지도록' 기술된다면 교육계획안에 작성된 수업자료가 형식적인 칸 메꾸기에서 벗어나 의미 있는 자료로 남게 될 것이다. 활동자료를 구체적으로 적기 위한 방법은 다음과 같다.

- 교구 : 교구 사진 또는 제작방법을 적기
- 사진/그림/PPT 자료 : 각각의 장면이 어떤 내용인지에 관해 구체적으로 설명을 쓰거나, 해당 컷을 축소하여 첨부하기
- 동영상 또는 녹음 자료 : 가능하면 출처와 분량을 밝히고, 내용을 요약하여 적기
- 동화 : 글/그림/출판사를 적고, 책표지를 첨부하기
- 그 밖의 실물자료 : 사진을 첨부하고, 구체적인 수량을 적기 (예: 다양한 종류의 실 × → 굵기와 색깔이 다른 실 10가지 이상)

자료 작성을 위한 연습 1. 다음의 활동자료를 구체적으로 다시 작성해보자.

◦우리 주변에서 볼 수 있는 빛이 나는 물건 여러 가지

구체화 ⇒

연습문제 4-1 다음의 활동목표와 방법을 읽고, 유아들의 발달수준에 적합하며 흥미를 이끄는 활동자료를 구체적으로 작성해보자.

활동명	스스로 옷을 입어요	생활주제	나와 가족
활동대상	만 3세	활동형태 및 유형	대·소집단활동-신체
활동목표	▪ 스스로 옷을 입고 벗는 방법에 대해 안다. ▪ 신체의 각 부분을 자유롭게 움직이며 표현할 수 있다. ▪ 자기 일을 스스로 하려고 노력한다.		
누리과정 관련요소	• 사회관계 : 나를 알고 존중하기 – 나의 일 스스로 하기 • 예술경험 : 예술적 표현하기 – 움직임과 춤으로 표현하기		
활동자료			
활동방법	**1. 스스로 옷을 입고 벗는 방법에 대해 이야기를 나눈다.** - 옷을 혼자 입거나 벗어 본 적이 있니? - 옷을 혼자 입거나 벗을 때 어려웠던 점이 있니? - 그럴 때는 어떻게 했니? **2. 옷을 입고 벗는 방법을 신체로 표현한다.** - 바지를 입고 벗을 때에는 어떻게 할까? - 윗옷을 입고 벗을 때에는 어떻게 할까? - 양말을 신고 벗을 때에는 어떻게 할까? **3. '입어요, 벗어요' 노래에 맞춰 스스로 옷을 입고 벗는 모습을 표현한다.** **4. 활동을 마치고 표현해본 느낌에 관해 이야기를 나눈다.** - 스스로 옷을 입는(벗는) 모습을 표현해보니 어땠니? - 옷을 입고 벗을 때 어떤 점이 재미있었니?		

* 3세 누리과정 교사용 지도서 '나와 가족, 활동 2-15'에서 부분 발췌하여 재구성함.

연습문제 4-2

다음의 활동목표와 방법을 읽고, 유아들의 발달수준에 적합하며 흥미를 이끄는 활동자료를 구체적으로 작성해보자.

<table>
<tr><td>활동명</td><td>자연물을 이용하여 가족 선물 만들기</td><td>생활주제</td><td>나와 가족</td></tr>
<tr><td>활동대상</td><td>만 4세</td><td>활동형태 및 유형</td><td>대·소집단활동-미술</td></tr>
<tr><td>활동목표</td><td colspan="3">▪ 선물을 만들어 가족에게 감사한 마음을 표현할 수 있다.
▪ 자연물을 이용하여 나름대로 입체물을 만들어본다.</td></tr>
<tr><td>누리과정 관련요소</td><td colspan="3">• 사회관계 : 가족을 소중히 여기기 – 가족과 화목하게 지내기
• 예술경험 : 예술적 표현하기 – 미술활동으로 표현하기</td></tr>
<tr><td>활동자료</td><td colspan="3"></td></tr>
<tr><td>활동방법</td><td colspan="3">1. 선물을 주고받았던 경험에 대해 이야기나눈다.
- 선물을 준 적이 있니? 누구에게 주었니?
- 선물을 받은 적이 있니? 누구에게 선물을 받았니?
- 선물을 줄 때와 받을 때의 기분은 어땠니?

2. 선물의 의미에 대해 이야기나눈다.
- 왜 사람들은 선물을 주고받을까?

3. 가족 간의 고마운 마음을 느꼈던 경험에 대해 이야기나눈다.
- 가족에게 언제 고마운 마음을 느꼈니?
- 가족에게 감사한 마음을 어떻게 표현할 수 있을까?

4. 선물을 만드는 방법에 대해 이야기나눈다.
- 선물을 만들기 위해 무엇이 필요할까?
- 자연물을 이용하여 어떤 선물을 만들 수 있을까?

5. 자연물을 이용하여 가족에게 줄 선물을 만든다.

6. 완성된 선물을 친구들에게 소개한다.</td></tr>
</table>

* 4세 누리과정 교사용 지도서 '나와 가족, 활동 3-18'에서 부분 발췌하여 재구성함.

연습문제 4-3 다음의 활동목표와 방법을 읽고, 유아들의 발달수준에 적합하며 흥미를 이끄는 활동자료를 구체적으로 작성해보자.

활동명	다양한 가족이 있어요	생활주제	나와 가족
활동대상	만 5세	활동형태 및 유형	대·소집단활동-이야기나누기
활동목표	▪ 다양한 가족 유형이 있음을 안다. ▪ 가족 유형에 대한 자신의 생각을 말한다.		
누리과정 관련요소	• 의사소통 : 말하기 – 느낌, 생각, 경험 말하기 • 사회관계 : 가족을 소중히 여기기 – 가족과 협력하기		
활동자료			
활동방법	**1. '아빠가 너를 얼마나 사랑하는지 아니?' 그림책을 읽고 이야기나눈다.** - 아기 고기는 누구와 함께 살고 있니? **2. 여러 가지 가족 유형 사진을 하나씩 살펴보며 이야기나눈다.** - 사진에 누가 보이니? - 어떤 점이 다르다고 느껴지니? - 다양한 가족 유형에 대해 알아보니 어떤 생각이 드니? **3. 가족 구성원 목걸이를 소개한다.** - 목걸이에는 무엇이 그려져 있니? - 가족 구성원 목걸이에는 누가 있니? **4. 다양한 가족을 만드는 방법에 대해 알아본다.** - 가족 목걸이를 이용하여 어떻게 가족을 만들 수 있을까? **5. 교사가 제시하는 수만큼 모여 가족을 구성해본다.** - 가족별로 가족 구성원 목걸이를 보면서 어떤 구성원이 모였는지 확인해보자. - 이렇게 같이 살아간다면 어떤 점이 좋을까? / 불편할까?		

* 5세 누리과정 교사용 지도서 '나와 가족, 활동 4-12'에서 부분 발췌하여 재구성함.

5차시 활동의 도입을 어떻게 할 것인가?

활동의 도입은 유아들의 사전 경험과 진행될 활동의 내용을 연관짓는 중요한 단계이다. 유아들은 몰랐던 사실이나 개념, 경험 등을 새롭게 습득할 때 기존에 알고 있는 사실이나 경험을 활용함으로써 활동에 더 수용적이고 참여적인 태도를 취하게 된다. 활동의 도입이 활동의 목표를 효과적으로 달성할 수 있도록 돕는 몇 가지 이유를 정리하면 다음과 같다.

- 주의집중을 돕는다.
- 이전의 경험과 새로운 경험을 연결하도록 돕는다.
- 활동 참여에 대해 긍정적인 마음을 갖게 한다.
- 새롭게 경험하게 될 내용에 대한 기대감을 심어준다.

- 활동의 도입 = 주의집중+관련경험 연결+목표 제시

활동계획안을 작성할 때 '무슨' 수업을 해야 하는가, 즉 수업내용에 대한 고민에 비해 '어떻게' 수업을 할 것인가, 즉 수업방법에 대한 고민이 부족하다면 성공적인 수업을 보장하기 어려우며, 활동의 도입에서부터 '어떻게' 할 것인가에 대한 전략을 적극적으로 담아내야 한다. '어떻게'와 관련하여 도움을 주는 이론은 Gagné의 수업사태 이론과 Keller의 동기이론(ARCS모델)이 있다.

Gagné는 교수자의 수업활동을 크게 수업초기 활동(주의포착, 수업목표 제시, 선수학습 회상자극), 수업전개 활동(학습내용 제시, 학습안내 제공, 수행의 도출, 피드백 제공), 수업마무리 활동(성취행동 평가, 파지와 전이의 촉진)의 세 부분으로 구분하였다. 활동의 도입 단계에서는 수업초기 활동에 해당되는 주의포착, 수업목표 제시, 선수학습 회상자극에서 유용한 전략을 발견할 수 있다.

Gagné의 수업사태 이론
학습자의 내적 인지과정을 돕는 환경적 자극을 설명한 용어. 일정한 시간 동안 진행되는 수업을 짧은 순간으로 나누어 분석할 때 나타나는 비교적 서로 다른 여러 가지 상태를 9가지로 구분하여 설명함.

활동의 도입에 도움이 되는 Gagné의 수업사태 전략

단계	내용
주의를 포착하기	- 흥미로운 자극을 제시함으로써 학습자의 주의를 유발한다. - 이야기, 질문, 그림, 영상, 다양한 색상과 폰트 등을 활용하여 학습자에게 신선하고 흥미롭게 학습자의 주의를 이끌어낸다.
목표를 제시하기	- 성취에 대한 기대감을 충족시키기 위하여 목표를 제시한다. - 수업이 끝난 후 할 수 있게 되는 능력이 무엇인지 명확하게 알려준다.
선수학습을 자극하기	- 장기기억으로부터 정보를 인출하기 위하여 과거 학습내용을 회상한다.

Keller의 동기이론
교수자가 전략적으로 다루어야 할 동기가 무엇인지 그리고 그 동기가 학습에 어떠한 영향을 미치는지 설명한 이론. 주의집중(Attention), 관련성(Relevance), 자신감(Confidence), 만족감(Satisfaction)의 4가지 전략으로 구분하여 설명함.

Keller는 학습동기를 유발하는 요소를 주의집중(새로운 접근을 사용하거나 구체적인 비유, 흥미로운 실례, 예기치 못했던 사건들로 호기심과 흥미를 만드는 것), 관련성(수업의 목적에 대해 소개하고 유아의 경험이나 개인적인 흥미와 연결시키는 것), 자신감(유아가 긍정적 기대감을 갖고 자신의 노력으로 인해 성공했다는 신념을 갖도록 하는 것), 만족감(언어적 칭찬, 공정한 보상, 긍정적 느낌에 대한 피드백 등으로 성취에 대한 즐거움을 갖도록 하는 것)의 네 가지로 구분하여 설명하였다. 활동의 도입 단계에서는 주의집중 전략과 관련성 전략을 사용하는 것이 도움이 된다.

✔. 활동의 도입에 도움이 되는 Keller의 동기유발 전략

단계	내용
주의집중 전략	- 새로운 접근방법을 사용하거나 감각적인 내용을 활용하여 학습자로 하여금 호기심과 놀라움을 갖도록 하기 - 주의를 끌만한 다양한 유형의 시청각 자료를 활용하기 - 질문, 역설, 탐구 방법 등을 활용하여 학습자로 하여금 도전적 사고를 일으키고 호기심을 자극하기 - 개방적인 질문하기 - 신선한 비유와 흥미로운 다양한 실제 사례를 제시하기 - 예기치 못한 사건들을 제시함으로써 흥미를 지속하기
관련성 전략	- 친밀한 인물 혹은 사건을 활용하기 - 구체적이고 친숙한 그림 자료 활용하기 - 친밀한 예문 및 배경지식을 활용하기 - 목표와 학습 성과를 제시하기

동기유발 전략은 2009개정 초등학교 1~2학년 군 교사용 지도서에서도 명시되고 있다. 즉, 교수·학습 활동의 첫 번째 단계를 학습목표에 적합한 '동기유발'로 시작하면서 매 수업마다의 동기유발 방법에 대한 구체적인 지침을 제공하고 있다. 영유아 교사들은 "이것이 무엇일까?"(주의집중), "~해본 적 있니?"(관련성), "우리가 좋은 방법을 찾아냈구나."(자신감), "정말 잘 해냈다."(만족감)와 같은 상호작용을 통해 활동의 도입 단계에서 유아들의 학습동기를 끌어내고 있지만 더 새롭고 구체적인 사례로 계획되어 활동계획안에 명시해야 한다.

다음은 B대학 유아교육과 예비 교사들이 '한복에 대해 알아보기' 활동을 위한 새롭고 흥미로운 활동의 도입 아이디어를 낸 것을 정리한 것이다. 이러한 주의집중 아이디어에 주제와 관련된 도전적 질문, 관련 경험 회상, 목표 제시 등에 관한 발문이 더해지면 활동의 도입이 모범적으로 계획될 것이다.

주의집중 아이디어의 예

· 비밀상자에 담긴 한복의 질감을 만지고 탐색하며 어디에 쓰일지 상상해보기
· 교사가 한복입고 등장하기
· 교실에 한복 숨겨놓고 보물찾기
· 빠르게 지나가는 글자 또는 사진 맞추기(짜장면 배달 통 이용하기)
· 쪽지에 주제에 관련된 단어를 써놓고 3~4명 정도 뽑은 후 주제 맞추기
· 버선 발바닥 양쪽에 '버', '선'하고 쓰여 있는 모습을 보여주기
· 민요를 감상하며 다양한 의복사진 중 어울리는 의복 고르기
· 한복을 입은 인물이 등장하는 사극, 뉴스 등의 동영상 감상하기
· 한복을 만드는 과정이 담긴 동영상 감상하기
· 스무고개로 주제 맞추기
· 한복 사진을 퍼즐로 만들어 퀴즈 내기
· 손인형(또는 전래동화의 인물)의 이야기 듣기
· 과거에서 온 편지 읽어보기
· 다양한 한복 사진을 보며 가장 아름다운 한복 골라보기
· 종이접기로 한복을 접는 과정 관찰하기
· 다양한 연령, 성별, 국적을 가진 사람들이 한복을 입은 사진 감상하기
· 한복을 입은 사람들이 나타난 명화, 풍속도, 전통혼례 사진 등을 감상하기
· 한복과 관련된 동화책, 티슈동화 등을 활용하여 소개하기

도입 작성을 위한 연습 1. 다음 활동계획안의 도입 부분을 읽고, Gagné와 Keller의 이론에 근거하여 분석하여 다시 작성해보자.

1. 치과에 가본 경험에 대해 이야기나눈다.
2. 치과에서 하는 일에 대해 알아보기로 한다.

⇓

연습문제 5-1

다음의 활동목표와 전개 부분을 읽고, 유아들의 흥미와 동기를 유발할 수 있는 활동의 도입 부분을 작성해보자.

활동명	두리번두리번 창문을 찾아요	생활주제	우리 동네
활동대상	만 3세	활동형태 및 유형	자유선택활동-수조작 영역
활동목표	▪ 우리 동네 건물의 다양한 창문 모양에 관심을 갖는다. ▪ 모양의 특성을 생각하며 창문 꾸미기 놀이에 즐겁게 참여한다.		
누리과정 관련요소	• 사회관계 : 사회에 관심 갖기 – 지역사회에 관심 갖고 이해하기 • 자연탐구 : 수학적 탐구하기 – 공간과 도형의 기초개념 알아보기		
활동자료	우리 동네의 다양한 창문 사진 PPT , 활동지, 여러 가지 모양 종이, 풀		
활동방법	(빈칸) ▪ **활동지에 있는 건물 모습을 보며 이야기나눈다.** - 이 건물은 어떤 건물이니? - 여기에는 어떤 모양의 창문이 어울릴 것 같니? ▪ **활동지에 있는 '창문이 없는 건물'에 여러 가지 모양 종이로 꾸며본다.** - 동글동글 동그라미 창문은 어디에 꾸며 줄까? - 길쭉한 네모 창문은 어디에 꾸며 줄까? - 몇 개의 창문을 만들고 싶니? ▪ **다양한 건물의 창문 꾸미기를 한 느낌에 대해 이야기나눈다.** - 어떤 모양의 창문이 가장 마음에 들었니? - 내가 창문을 만든다면 어떤 모양의 창문을 만들고 싶니?		

* 3세 누리과정 교사용 지도서 '우리 동네, 활동 1-4'에서 부분 발췌하여 재구성함.

연습문제 5-2

다음의 활동목표와 전개 부분을 읽고, 유아들의 흥미와 동기를 유발할 수 있는 활동의 도입 부분을 작성해보자.

활동명	셈여림 악기를 만들어요	생활주제	우리 동네
활동대상	만 4세	활동형태 및 유형	자유선택활동-음률 영역
활동목표	▪ 우리 동네에 있는 자연휴양림에 관심을 갖는다. ▪ 자연물을 이용하여 소리 나는 악기를 자유롭게 만들어본다. ▪ 자연물로 만든 악기로 즐겁게 연주해본다.		
누리과정 관련요소	• 사회관계 : 사회에 관심 갖기 – 지역사회에 관심 갖고 이해하기 • 예술경험 : 아름다움 찾아보기 – 음악적 요소 탐색하기 • 예술경험 : 아름다움 찾아보기 – 음악으로 표현하기		
활동자료	셈여림 기호 PPT, 자연물(돌멩이, 모래, 나뭇잎, 조개껍데기, 열매 등), 2cm 두께의 테이프 속심, 코팅지		
활동방법	(빈칸) ▪ **자연휴양림에서 수집한 자연물로 만들 수 있는 소리에 대해 이야기나눈다.** - 열매끼리 부딪치는 소리는 어떤 느낌이니? - 나뭇잎과 모래가 부딪치니 어떤 느낌이 드니? ▪ **자연물을 이용해 악기를 만들어본다.** - (테이프 속대로 만든 빈 통을 보여주며) 부드러운(센/조용한/큰) 소리를 내려면 어떤 것을 넣을까? ▪ **셈여림 기호를 보면서 각자 만든 자연물 악기로 연주해본다.** - 악기가 부드러운 소리를 내도록 천천히 흔들어볼까? ▪ **자연물 악기로 연주해본 느낌에 대해 이야기 나눈다.**		

* 4세 누리과정 교사용 지도서 '우리 동네, 활동 2-7'에서 부분 발췌하여 재구성함.

연습문제 5-3 다음의 활동목표와 전개 부분을 읽고, 유아들의 흥미와 동기를 유발할 수 있는 활동의 도입 부분을 작성해보자.

<table>
<tr><th>활동명</th><td>우리 마을! 우리 시장!</td><th>생활주제</th><td>우리 동네</td></tr>
<tr><th>활동대상</th><td>만 5세</td><th>활동형태 및 유형</th><td>자유선택활동-음률 영역</td></tr>
<tr><th>활동목표</th><td colspan="3">▪ 시장의 역할을 안다.
▪ 음악의 리듬에 맞추어 몸을 움직인다.
▪ 음악을 감상하며 음악의 아름다움을 느낀다.</td></tr>
<tr><th>누리과정 관련요소</th><td colspan="3">• 사회관계 : 사회에 관심 갖기 – 지역사회에 관심 갖고 이해하기
• 예술경험 : 예술 감상하기 – 다양한 예술 감상하기</td></tr>
<tr><th>활동자료</th><td colspan="3">'페르시아의 시장' 음악, 시장 관련 PPT 자료</td></tr>
<tr><th>활동방법</th><td colspan="3">

▪ 페르시아 시장 음악을 감상한다.
- 오늘은 시장에 관한 음악을 들어보려고 해. 우리 함께 들어볼까?

▪ 페르시아 시장 음악을 감상한 후 느낌을 이야기나눈다.
- 음악을 듣고 나니 어떤 생각이 드니?
- 음악을 들으면서 하고 싶은 것이 있었니?
- 이 음악의 제목은 무엇일까?
- 캐텔비라는 작곡가가 페르시아라는 나라의 시장을 가보고 그곳의 모습을 음악으로 만들었단다.

▪ 우리 마을의 시장과 관련된 이야기를 들으며 음악을 감상한다.
- 우리 동네 시장의 모습이나 소리를 생각해보자.

▪ 페르시아 시장 음악을 감상하며 신체표현을 해본다. (이하 생략)</td></tr>
</table>

* 5세 누리과정 교사용 지도서 '우리 동네, 활동 2-9'에서 부분 발췌하여 재구성함.

6차시 기초적인 수업모형 익히기

활동의 전개과정을 계획할 때에는 각 교과에 대한 충분한 이해가 바탕이 되어야 한다. 유아교육기관에서는 초등학교 이상의 학교 급에서 다루는 교과의 내용을 여러 가지 활동형태(이야기나누기, 동화, 동시, 극놀이, 음악, 게임, 신체활동, 수 · 조작, 과학, 요리, 현장학습 등)로 구분하여 다루고 있다. 그런데 교과 또는 활동형태의 특성에 대한 이해와 관련 지식이 부족하면 다음과 같은 문제가 발생될 수 있다.

- 매번 같은 패턴의 수업을 반복한다.
- 교사 개인이 어렵다고 여기는 활동형태를 교육계획에서 배재한다.
- 교과내용에 대한 오개념을 다룬다.
- 유아에게 제공되는 학문적 깊이가 제한된다.

활동형태에 따른 특징이 잘 반영된 기초적인 수업모형을 익히고 활동계획안 작성 연습을 하는 것은 이러한 문제에 대한 해결책이 될 수 있으리라 본다. 수업모형이 활동계획안에 반영된 예로 2009개정 초등학교 통합교과 교육과정 교사용 지도서에는 교과에 따른 수업을 4단계로 모형화하여 주제중심의 통합교육에도 교과별 특성이 반영된 수업모형이 포함될 수 있음을 보여주고 있다. 또 매차시마다 수업모형에 맞춘 교수 · 학습과정이 안내되어 있어 교사들이 교과의 특성에 적합한 수업을 운영하는 데 지침을 제공하고 있다. 교육부와 육아정책연구소(2013)에서 발행한 '누리과정 수업 컨설팅 장학 운영매뉴얼'에서도 교과별 수업모형을 나타내고자 하는 시도를 엿볼 수 있다. 누리과정 컨설팅장학 사례 중 하나를 살펴보면, '저는 과학 활동이 어렵습니다(이하 생략)'라고 의뢰한 교사에게 체계적인 수업설계 및 교수학습방법 분석을 시도하였고, 이에 따라 수업설계 컨설팅을 통하여 수 · 과학 수업모형을 명시적으로 표현하도록 하고 있다.

이와 관련하여 중앙대학교사범대학부속유치원(2014)에서는 영유아 교사들을 위한 활동형태별 수업모형을 다음과 같이 제시한 바 있다.

가. 대소집단활동 수업모형

구분		단계
이야기나누기	주제관련 이야기나누기	• 동기유발하기

<table>
<tr><th colspan="2">구분</th><th>단계</th></tr>
<tr><td rowspan="2"></td><td></td><td>• 주제의 의미 탐색하기
• 주제의 내용 공유하기
• 실행 및 적용하기
• 사고를 확장하고 의미 재확인하기</td></tr>
<tr><td>상황중심의 이야기나누기</td><td>• 상황의 발견
• 상황의 공감
• 문제해결
• 규칙 합의</td></tr>
<tr><td rowspan="3">동화</td><td>동화감상</td><td>• 동화에 관심가지기
• 동화 감상하기
• 사후활동하기</td></tr>
<tr><td>동화개작하기</td><td>• 개작할 부분 정하기
• 개작하기
• 개작한 동화 감상하기</td></tr>
<tr><td>동화 짓기</td><td>• 동화 짓기에 대해 알아보기
• 동화 짓기
• 동화감상하기</td></tr>
<tr><td rowspan="2">동시</td><td>동시감상</td><td>• 동시에 관심가지기
• 동시 감상하기
• 사후활동하기</td></tr>
<tr><td>동시 짓기</td><td>• 동시 짓기에 대해 알아보기
• 동시 짓고 가다듬기
• 동시감상하기</td></tr>
<tr><td rowspan="3">극놀이</td><td>동극</td><td>• 동화감상 및 회상하기
• 역할 정하기
• 무대준비하기
• 동극하기
• 평가하기</td></tr>
<tr><td>인형극</td><td>• 대본 만들기
• 역할정하기
• 무대준비하기
• 인형극하기
• 평가하기</td></tr>
<tr><td>음악극</td><td>• 음악극 노래 배우기
• 동작 만들기
• 무대 준비하기
• 음악극하기
• 평가하기</td></tr>
<tr><td rowspan="2">음악</td><td>새노래 배우기</td><td>• 새노래에 관심 가지기
• 새노래 부르기
• 음악적 요소 경험하기
• 관련 활동하기</td></tr>
<tr><td>악기 연주</td><td>• 악기 탐색하기</td></tr>
</table>

구분		단계
		• 악기 연주방법 알아보기 • 음악적 요소 경험하기 • 합주하기
	음악 감상	• 음악 감상하기 • 느낌과 정보 나누기 • 음악적 요소 경험하기 • 관련 활동하기
게임	원 게임 편 게임 자유대형 게임	• 게임방법 정하기 • 게임규칙 알아보기 • 게임하기 • 중간 평가하기 • 평가하기
신체활동	신체표현	• 표현할 대상 탐색하기 • 다양한 표현 생각해보기 • 표현하기 • 평가하기
	신체운동	• 신체 움직임 탐색하기 • 다양한 움직임 알아보기 • 움직임 익히고 반복하기 • 평가하기
과학	창의적 실험	• 선개념 파악하기 • 질문 구성하기 • 실험 계획하고 수행하기 • 개념 정리하고 적용하기
	동·식물 기르기	• 동·식물에 대한 정보 수집하기 • 동·식물 보살피고 관찰하기 • 궁금한 점 발견하고 해결하기 • 알게 된 점을 확인하고 실천하기
요리	요리활동	• 재료와 도구 탐색하기 • 요리 순서 알아보기 • 요리하기 • 평가하기
현장학습	견학활동	• 사전 경험 확인하기 • 구체적이고 직접적인 경험하기 • 경험 회상하기

* '중앙대학교사범대학부속유치원교육과정(2014)'에서 부분 발췌하여 재구성함

수업모형은 '꼭 이러한 과정에 따라 수업해야만 한다'는 정답을 제시한 것은 아니다. 기초적인 수업모형에 익숙해지면 유아들의 특성, 흥미, 요구, 물리적 환경 등을 반영하여 새로운 수업의 과정을 계획해볼 수 있을 것이다.

또한 누리과정에서 선정하고 있는 세부내용을 바탕으로 활동에서 다루고자 하는

핵심 개념을 활동의 전개 과정에 담아낸다면 전문적이고 풍부한 경험을 제공할 수 있을 것이다. 다음은 3세 누리과정지도서의 '우리나라, 2-14 활동'을 실행하기 위해 수업에 반영할 핵심개념을 선정한 A교사의 예이다.

<3세 누리과정지도서-우리나라, 2-14> 동물이 나오는 민화 감상하기	
활동목표	▪ 민화에 관심을 갖는다. ▪ 민화를 감상하며 아름다움을 느낀다.
활동형태	대·소집단활동 - 이야기나누기
활동자료	'동물이 나오는 민화' PPT
활동방법	1) '동물이 나오는 민화' PPT를 보며 이야기해본다. - 이 민화는 어떤 동물을 그린 그림이니? - 토끼는 무엇을 하고 있니? - 어떤 느낌이 드니? 2) 동물이 나오는 민화를 보며 어디에 사용하였을지 이야기나눈다. - 이 그림을 그려서 주로 어디에 사용하였을까? 3) 민화를 감상한 후 느낌을 나눈다. - 어떤 민화가 재미있었니? - 민화를 본 느낌이 어떠니?

⇓

A교사가 선정한 핵심개념과 핵심어휘	
핵심개념	· 민화는 우리나라의 옛날 그림이다. · 민화에는 동물이 많이 등장한다. · 민화에는 꽃과 새가 등장하기도 한다. · 민화도 아름다운 작품이다. · 민화에 등장하는 동물이 상징하는 의미가 있다.
핵심어휘	• **민화(民畫)** [명사] <미술> 예전에, 실용을 목적으로 무명인이 그렸던 그림. 산수, 화조 따위의 정통 회화를 모방한 것으로 소박하고 파격적이며 익살스러운 것이 특징이다. • **송하호작도** 송하: 소나무 아래/ 호작도: 호랑이까치 • **화조도(花鳥圖)** 꽃과 새의 그림

연습문제 6-1

다음의 활동목표와 〈공 전달하기 게임방법〉 등을 참고하여, 활동의 전개 과정을 작성해보자. (발문은 생략)

<table>
<tr><th>활동명</th><td>동글동글 공을 전달해요</td><th>생활주제</th><td>건강과 안전</td></tr>
<tr><th>활동대상</th><td>만 3세</td><th>활동형태 및 유형</th><td>대·소집단활동 - 게임</td></tr>
<tr><th>활동목표</th><td colspan="3">▪ 다른 사람에게 공을 바르게 전달한다.
▪ 우리 몸을 건강하게 해주는 운동의 종류에 관심을 갖는다.
▪ 함께 정한 규칙을 지킨다.</td></tr>
<tr><th>누리과정 관련요소</th><td colspan="3">• 신체운동·건강 : 신체 조절과 기본 운동하기 – 기본 운동하기
• 신체운동·건강 : 신체 활동에 참여하기 – 기구를 이용하여 신체 활동하기
• 사회관계 : 다른 사람과 더불어 생활하기 – 친구와 사이좋게 지내기</td></tr>
<tr><th>활동자료</th><td colspan="3">지름 15~20cm 정도의 탱탱볼 12개, 바구니 4개, 신호악기</td></tr>
<tr><th>활동방법</th><td colspan="3"><'공 전달하기' 게임 방법>
① 두 팀으로 나눈 후 팀 이름을 정한다.
② 신호음이 울리면 공을 꺼내어 노래를 부르며 옆으로 전달한다.
③ 줄의 마지막에 앉아 있는 유아는 전달받은 공을 옆에 놓인 바구니에 넣는다.
④ 마지막 공을 넣은 유아는 교사에게 끝났음을 알린다.
⑤ 교사는 먼저 알린 팀을 확인한다.</td></tr>
</table>

* 3세 누리과정 교사용 지도서 '건강과 안전, 활동 1-13'에서 부분 발췌하여 재구성함.

연습문제 6-2 다음의 활동목표와 〈비누거품 그림그리기 방법〉 등을 참고하여, 활동의 전개 부분을 작성해보자. (발문은 생략)

활동명	비누거품 그림	생활주제	건강과 안전
활동대상	만 4세	활동형태 및 유형	자유선택활동 - 미술 영역
활동목표	▪ 우리 몸을 깨끗하게 하는 도구에 대해 안다. ▪ 비누거품 만드는 과정에 적극적으로 참여한다. ▪ 일상생활 도구를 창의적으로 활용하여 표현해본다.		
누리과정 관련요소	• 신체운동·건강 : 신체인식하기 - 감각능력 기르고 활용하기 • 예술경험 : 예술적 표현하기 - 미술활동으로 표현하기		
활동자료	유아용 액체 목욕비누, 물감, 지름 25cm 정도의 수조 또는 플라스틱 대야 2~3개, 빨대, 물, 옷 모양으로 오린 흰 도화지, 마 끈, 빨래 줄, 빨래집게, 물감		
활동방법	**<‘비누거품 그림그리기’ 방법>** ① 수조에 깊이 5cm 정도 물을 담아 액체 목욕비누와 물감을 넣는다. ② 빨대로 휘저어 물감과 액체비누를 녹인다. ③ 2~3명의 유아들이 빨대로 거품을 만든다.		

* 4세 누리과정 교사용 지도서 ‘건강과 안전, 활동 2-7’에서 부분 발췌하여 재구성함.

연습문제 6-3

다음의 활동목표와 〈'이가 썩어요' 실험방법〉을 참고하여, 활동의 전개 부분을 작성해보자. (발문은 생략)

<table>
<tr><th>활동명</th><td>이가 썩어요</td><th>생활주제</th><td>건강과 안전</td></tr>
<tr><th>활동대상</th><td>만 5세</td><th>활동형태 및 유형</th><td>자유선택활동 - 과학 영역</td></tr>
<tr><th>활동목표</th><td colspan="3">▪ 이가 썩는 원인을 안다.
▪ 건강한 치아를 유지할 수 있는 방법을 실천한다.
▪ 실험 순서를 지키며 실험에 참여한다.</td></tr>
<tr><th>누리과정 관련요소</th><td colspan="3">• 신체운동·건강 : 건강하게 생활하기 - 몸과 주변을 깨끗이 하기
• 자연탐구 : 과학적 탐구하기 - 물체와 물질 알아보기</td></tr>
<tr><th>활동자료</th><td colspan="3">이의 구조 및 이가 썩는 과정 그림, 실물 자료(달걀 2개, 식초, 물, 비이커 2개)</td></tr>
<tr><th>활동방법</th><td colspan="3"><'이가 썩어요' 실험방법>
① 물과 식초의 냄새를 맡아본다.
② 달걀을 물과 식초에 넣는다.
③ 물과 식초에 담긴 달걀의 모양을 살펴본다.
④ 하루 지난 달걀의 모습을 관찰한다.</td></tr>
</table>

* 5세 누리과정 교사용 지도서 '건강과 안전, 활동 2-6'에서 부분 발췌하여 재구성함.

7차시 유아의 사고를 자극하는 발문하기

교사의 발문은 수업의 성패에 큰 영향을 미친다. 교사의 효과적인 발문은 유아의 사고와 상상력을 자극하며 행동을 촉진하고 수업에 대한 적극적인 참여를 이끈다. 이러한 이유로 교사는 교육계획안을 작성할 때에 많은 발문들을 계획하고 작성한다.

그러나 계획된 발문 중에는 유아의 사고를 자극하는 발문보다는 단순 사실 확인이나 기억을 요하는 발문에 머무르는 경우가 종종 있다. 세련된 발문을 계획했다 하더라도 준비된 발문을 모두 해야 수업을 성공적으로 마쳤다는 생각에 계획안에 작성한 순서대로 발문을 빠짐없이 나열하기도 한다. 때로는 유아들의 반응에 따라 발문을 수정하거나 삭제, 창안해내는 일을 어려워하고, 발문 후 유아가 대답할 때까지 충분히 기다려 주지 못하여 발문의 교육적 효과를 충분히 이끌어내지 못하기도 한다.

Cooper(2011)는 이러한 문제점을 극복하고 발문 기술을 향상시켜나가기 위한 〈효과적인 발문자의 7가지 습관〉을 제안한 바 있는데 이를 영유아 교실에 적용하여 살펴보겠다.

▪ 다량의 발문보다는 양질의 발문

① 다량의 발문보다는 양질의 발문을 한다.

교사의 발문에 대답하면서 유아들은 수업에 열심히 참여하고 더 많은 것을 배우게 된다. 또 수업에서 집중해서 보아야 할 부분을 알게 되고, 수업 내용과 주제에 따른 맥락을 이해하게 된다. 그러나 때때로 교사는 유아들에게 너무 많은 발문을 하여 오히려 유아들이 수업을 지루하다고 느끼게 한다.

▪ **좋지 못한 예**

◦ 동화의 내용을 회상해본다.
- 동화의 제목은 무엇이었지?
- 동화에는 누가 나왔니? 또?
- 처음에 어떤 일이 벌어졌지?
- 그때 무슨 일이 벌어졌니?
- 그래서 어떻게 해결했니?
- 가장 신이 났던 장면은 어디니?
- 가장 슬펐던 장면은?
- 내가 주인공이라면 어떤 마음이 들었을까?
- 주인공에게 어떤 말을 해주고 싶니?

■ **좋은 예**

◦ 동화의 내용을 회상하며, 가장 인상 깊은 장면에 대해 이야기나눈다.
- 동화를 읽으면서 가장 긴장되었던 부분은 어디였니?
- 이때 병관이는 마음이 어땠을까?
- 만약 내가 병관이었다면 어떻게 해결했을 것 같니?

위의 〈좋지 못한 예〉에서처럼 동화를 읽은 후 교사가 너무 많은 질문을 쏟아낸다면 동화를 읽은 후의 감동이나 여운을 감소시킬 수 있다. 또 동화를 읽은 시간보다 동화를 회상하는 시간이 길어짐으로써 동화를 읽는 시간이 지루하다고 느끼게 될 수도 있고, 깊이 생각하여 대답하기보다는 기억에 의존하여 대답하는 경우가 많아질 우려도 있다. 반면 〈좋은 예〉에서는 동화와 관련된 이슈, 토론거리, 생각해볼 문제 중 한 가지를 선정하여 유아들이 진중하게 생각해보도록 기회를 주고 있다. 유아들은 동화 속 주인공의 입장에서 다양한 생각들을 해보고 내 생각과 친구의 생각을 비교해보는 경험을 하게 될 것이다. 즉, 교사가 유아들에게 많은 발문을 한다고 꼭 좋은 수업이 되는 것은 아니며, 발문에서 중요한 것은 양이 아니라 질임을 기억해야 한다.

② 개인의 차이를 반영하는 발문을 한다.

■ 개인의 차이를 반영하는 발문

양질의 발문은 개인의 차이를 반영한 질문이다. 같은 교실에 앉아있는 유아이지만 발달적 차이, 관심, 흥미, 개인적 경험의 차이 등이 각기 다르다. 따라서 교사는 유아의 개인차를 고려하여 발문해야 하는데, 이를 위해 교사가 발문하기 전에 생각해야 할 내용은 다음과 같다.

- 교사의 발문이 유아의 사전 지식이나 경험에 바탕을 두고 있는가?
- 유아의 능력에 비하여 발문이 너무 어렵지는 않은가? 혹은 너무 단순하지는 않은가?
- 유아의 관심사는 무엇이며 어떻게 하면 교사의 발문을 유아의 관심사와 연관지을 수 있는가?

■ **좋지 못한 예**

◦ 토스터기를 보며 이야기나눈다.
- 이것은 무엇일까?
- 토스터기로 빵을 어떻게 굽는 걸까?

■ **좋은 예**

◦ 토스터기를 보며 이야기나눈다.
- 혹시 이런 모습의 기계를 본 적이 있니?
- 이것의 이름은 '토스터기'라고 해.
- 토스터기를 자세히 살펴보자. 어떤 것들이 있니?
- 토스터기는 어떻게 사용하는 것일까?

위의 〈좋지 못한 예〉에서 교사는 처음부터 '이것은 무엇일까?'라며 정답을 기대하는 발문으로 시작하였다. 또 새로운 기계를 탐색할 시간을 주지 않아 유아들은 토스터기로 빵을 어떻게 굽는 것일지에 대한 대답을 어렵게 느꼈을 수 있다. 그러나 〈좋은 예〉에서는 토스터기를 본 유아들의 사전 경험과 관련지어 생각해볼 수 있도록 발문을 시작하였으며, 토스터기를 탐색하는 과정 속에서 사용방법을 발견해내도록 순차적으로 접근하고 있다. 개인차를 고려하지 않고 사용한 발문은 오히려 유아들에게 부담감이나 좌절감을 안겨줄 수 있음을 명심해야 한다.

■ 깊이 있는 발문

③ 깊이 있는 발문을 한다.

유아는 다양하게 계획된 하루일과에 참여하면서 과학, 수학, 사회, 언어와 같은 교과 내용 영역에 대한 지식을 쌓는다. 그러므로 자유선택활동 시간과 집단활동 시간에 각 발달 영역에서 유아 수준에 적합한 범위의 학습 및 발달적 요구에 도달하도록 해야 한다. 그런데 교사들은 때때로 유아들에게 너무 쉬운 발문만을 사용하여 유아가 근접발달영역 내에서 더 높고 깊은 수준의 사고로 확장할 수 있는 기회를 주지 못하기도 한다. 만약 교사의 발문 수준이 너무 낮으면 유아들은 교사의 발문에 빨리 대답할 수는 있지만, 대답에 이르기까지 깊은 사고과정은 거치지 않게 된다. 또한 발문을 통해 새롭게 배우는 내용도 거의 없다.

■ **좋지 못한 예**

◦ 물레방아에 모래를 부으며 모습을 관찰한다.
- 이번에는 물레방아에 모래를 부어보자.
- 물레방아가 어떻게 되고 있니?
- 우와, 신기하네.
- 정말 물레방아가 뱅글뱅글 돌아가는구나.

■ **좋은 예**

◦ 물레방아에 모래를 부으며 모습을 관찰한다.
- 이번에는 물레방아에 모래를 부어보자.
- 물레방아가 어떻게 되고 있니?
- 모래를 더 많이 부으면 어떻게 될까?
- 이번에는 모래를 더 높은 곳에서 부어볼까?

위의 〈좋지 못한 예〉에서 교사는 물레방아에 모래를 부어서 돌아가는 모습을 관찰하고 신기해하였지만, 〈좋은 예〉에서의 교사는 물레방아에 붓는 모래의 양에 따라서, 또 모래를 붓는 높이에 따라서 물레방아가 돌아가는 모습이 어떻게 될지 생각해보도록 하였다. 즉 유아가 발전된 개념으로 사고를 확장하고 적용해보도록 이끈 것이다.

깊이 있는 발문을 위하여 Bloom의 교육목표분류체계(인지적 영역)를 적용하는 것도 도움이 된다. Bloom의 분류체계는 발문을 새롭게 바라보는 개념 틀을 제공하기 때문에 이에 따라 발문을 분류해보고 연습한다면 발문을 다양하게 구성할 수 있을 것이다.

■ Bloom의 분류체계에 따른 발문

✐. Bloom의 분류체계에 따른 발문

단계	내용	발문의 예
지식	- 유아가 정보를 인식하고 기억해내는 능력을 요구하는 발문 - 유아가 이전에 배운 사실, 관찰내용, 정의 등을 기억하도록 함 - 유아가 정확하게 대답할 확률이 높으며, 유아의 수업 참여를 촉진하는 역할을 함	• 빨간색과 파란색을 섞으니 무슨 색이 되었니? • 어제 이야기나누기 시간에 무엇에 대해 이야기나누었었니? • 화장실에서 손을 씻을 때 어떤 약속을 지키기로 했었니?
이해	- 유아가 충분한 이해를 바탕으로 대답하도록 하는 발문 - 사실에 대해 충분히 관찰하여 대답하도록 함 - 주어진 정보를 자신이 이해한 언어로 바꾸어 표현하게 됨	• 그래프를 보니 우리 반이 가장 좋아하는 과일은 무엇인 것 같니? • 동시를 읽어보니 제목이 무엇일 것 같니? • 두 개의 그림은 어떤 점이 같니?/다르니?
적용	- 유아가 습득한 정보를 문제를 해결하는데 적용하도록 하는 발문 - 주어진 규칙이나 정보를 문제에 적용해보도록 함 - 지식과 이해가 선행되어야 가능함	• 우리 주변에서 전기로 움직이는 것에는 또 무엇이 있을까? • 동화를 읽어보니, 새로운 친구를 사귀려면 어떻게 하는 것이 좋을까?
분석	- 유아가 비판적이고 깊이 있는 생각을 하도록 요구하는 고차원적인 발문	• 우리 반의 정리 시간이 오래 걸리는 이유가 무엇일까?

단계	내용	발문의 예
	- 특정한 상황의 이유를 확인하고, 결론을 내리기 위한 근거를 분석하게 됨 - 근거를 가지고 추론하게 됨	• 이 노래의 제목이 '놀람교향곡'인 이유가 무엇일까? • 왜 요즘에는 한복을 자주 입지 않는 것일까?
종합	- 유아가 독창적이고 창의적인 생각을 수행하도록 요구하는 발문 - 하나의 답이 아닌 다양하고 창의적인 답을 모두 수용함	• 동화 속 주인공에게 뭐라고 편지를 쓰면 좋을까? • 부모님을 위해 어떤 물건이 발명되면 좋을까? • 여기 있는 물건들로 어떤 실험을 해 볼 수 있을까?
평가	- 유아가 어떤 일의 가치나 문제해결방법을 판단하도록 요구하는 발문 - 다양한 관점에서 생각하고 판단하게 됨	• 마트에 가서 갖고 싶은 물건이 여러 개일 때 어떻게 하는 것이 좋을까? • 이 중에서 가장 마음에 드는 그림 2개를 골라볼래? 왜 그렇게 생각했니?

깊이 있는 발문을 계획하고자 할 때 주의해야 할 점은 발문이 유아에게 혼란을 줄 만큼 어려워 유아들에게 좌절을 안겨주지 말아야 한다는 것이다. 즉, 지속적인 관찰을 통하여 유아들의 발달수준을 알고 유아에게 적합한 비계설정을 통해 발문을 계획하는 일이 중요하다. 만약 유아가 교사의 발문에 대답을 못할 경우, 교사는 유아에게 답에 대한 적절한 단서를 주어 스스로 답을 찾아가도록 유도할 수도 있을 것이다.

발문 작성을 위한 연습 1. '토끼와 거북이' 동화를 감상한 후 사용할 수 있는 발문의 예를 Bloom의 6단계에 맞춰 하나씩 작성해보시오.

단계	발 문
지식	
이해	
적용	
분석	
종합	
평가	

④ 폭넓은 발문을 한다.

▪ 폭넓은 발문

발문을 계획할 때에 일반적으로 수렴적 발문과 확산적 발문을 사용하게 된다. 수렴적 발문은 발문에 대한 답이 정해져 있어 답의 옳고 그름을 분명하게 판단할 수 있기에 폐쇄적 발문이라고도 한다. 반면 확산적 발문은 하나 이상의 정답을 가지고 있으면서 서로 다른 생각들을 표현하도록 하기 때문에 개방적 발문이라고 한다. 수렴적 발문만 사용하는 경우 유아들의 창의적인 사고를 자극할 수 없다는 단점이 있으며, 확산적 발문만 사용하면 유아의 이해 정도가 불분명한 채 수업이 종결될 수 있으므로 두 가지 발문이 적절하게 사용되는 것이 필요하다.

확산적 발문을 폭넓게 계획하고자 할 때 도움이 되는 것은 Gardner의 다중지능이다. Gardner는 언어적, 논리-수학적 지능만을 강조하는 교육에 문제를 제기하고 다양한 지능의 유형을 제시한 바 있는데 다중지능에 따라 발문을 계획해본다면 유아들의 다양한 능력을 자극하는 데 효과적으로 적용될 수 있을 것이다.

▪ Gardner의 다중지능에 따른 발문

✔. Gardner의 다중지능에 따른 발문

구분	내용	발문의 예
언어적 지능	- 말하는 능력, 시를 쓰는 능력, 논리적으로 글을 쓰는 능력 - 단어의 의미와 리듬, 언어의 기능에 대한 민감성	• '사랑해요'와 비슷한 뜻을 가진 말에는 무엇이 있을까? • '콩당콩당'이라는 말을 들으니 어떤 모습이 떠오르니?
논리-수학적 지능	- 과학적이고 수학적인 능력, 수학적 조작에 관련된 기능 - 논리적 과정에 대한 문제 해결과 안목	• 5+6은 무엇일까? 어떻게 계산했니? • 물에 밀가루를 넣으면 어떻게 될까?
신체-운동적 지능	- 몸의 움직임을 조절하거나 물체를 기술적으로 다루는데 관련된 기능 - 운동능력과 무용, 춤과 같이 몸동작으로 표현하는 능력	• 거미를 흉내 내려면 우리 몸을 어떻게 움직여야 할까? • 달리기를 더 빨리 할 수 있는 방법은 무엇일까?
음악적 지능	- 노래, 작곡, 악기 연주 능력, 그리고 리듬, 음정, 음색을 만들어내고 인식하는 능력	• 이 동화를 들으니 어떤 노래가 떠오르니? • 이 노래는 어떤 악기로 연주해야 잘 어울릴까?
공간적 지능	- 물리적인 세계를 정확히 지각하는 능력 - 조각가, 항해사, 건축가와 같은 직업과 연관	• 우리 유치원에는 교실이 몇 개나 될까? • 집에서 치과에 가는 길을 설명해볼 수 있겠니?
대인관계	- 다른 사람의 기분, 감정, 의향, 욕구를	• 친구의 기분이 어떤 것 같니?

구분	내용	발문의 예
지능	분석하고 반응하는 능력	• 이 친구에게 지금 가장 필요한 것은 무엇일까?
자기이해 지능	- 자신의 욕구, 장점과 단점에 대한 인식, 그리고 이 정보들이 행동을 이끌도록 하는 능력	• '내가 잘하는 것'에 대해 말해줄 수 있니? • '내가 더 노력해야 할 점'은 무엇일까?
자연탐구 지능	- 자연의 패턴을 관찰하고 대상을 정의하고 분류하며 세계의 자원들을 존중하는 능력	• 봄이 되니 화단에 어떤 점이 달라진 것 같니? • 햄스터를 관찰해보니 잘 기르기 위해 무엇이 더 필요한 것 같니?

아래의 예를 살펴보자. 두 가지 예에는 수렴적 발문과 확산적 발문이 모두 발견된다. 그런데 〈좋지 못한 예〉에서는 음악을 들은 느낌에 초점을 맞추거나 음악을 감상하는 자세를 강조하고 있지만 〈좋은 예〉에서는 음악의 느낌과 떠오르는 생각을 구체적으로 표현하도록 자극하는 발문이 폭넓게 계획되어 있음을 알 수 있다.

■ **좋지 못한 예**

◦ 차이코프스키의 '봄의 왈츠'를 감상하며 이야기나눈다.
- 음악을 감상하니 어떤 느낌이 드니?
- 봄의 어떤 모습들이 떠오르니?
- 바른 자세로 앉아서 음악을 감상해보자.

■ **좋은 예**

◦ 차이코프스키의 '봄의 왈츠'를 감상하며 이야기나눈다.
- 음악을 들으니 어떤 모습이 떠오르니?
- 우리가 어디에 있다고 상상하면서 들어볼까?
- 이 음악을 누구와 함께 듣고 싶니?
- 우리 몸으로 박자를 표현해보자.

발문 작성을 위한 연습 2. '개미 되어보기' 신체표현을 할 때 다음의 다중지능을 자극할 수 있는 발문을 하나씩 작성해보시오.

공간적 지능 ⇒

대인관계 지능 ⇒

⑤ 숙고시간 및 숙려시간을 적절하게 사용한다.

■ 적절한 숙고시간 및 숙려시간 사용

발문이 '좋은 발문'으로서 역할을 다하려면 발문을 한 후의 교사의 역할도 중요하다. 어떤 교사는 깊이 있게 생각하고 손을 드는 유아보다는 가장 빨리 손을 든 유아를 지목하여 대답하게하기도 한다. 또 유아가 대답을 하는 중간에 "알았어요", "좋아요"라고 반응을 보이며 중단시키거나 진지하게 반응을 보이지 못한다. Cooper(2011)는 교실에서 숙고시간과 숙려시간을 충분히 주지 못하는 점을 지적하였다.

■ 숙고시간(wait time 1):
유아들이 교사의 발문에 대해 생각할 수 있는 여유 시간

■ 숙려시간(wait time 2):
유아들이 교사의 발문에 대해 대답한 후에 교사가 기다려주는 시간

숙고시간이 짧아지는 대부분의 이유는 발문을 하고 유아가 즉각적으로 대답하지 않은 경우 교사가 자신의 발문이 효과적이지 않았는지, 유아가 답을 모르는 것은 아닌지 고민하여 조급해지고, 잠시 동안의 침묵이 유아들의 주의집중을 저하시킬까봐 걱정하기 때문이다. 또 숙려시간이 짧아지는 이유 중 하나는 유아가 대답한 내용을 교사가 반복해서 말해야 다른 유아도 들었을 거라는 안심이 되어, 유아가 충분히 대답하지 않았는데도 의견을 정리해주고자 하기 때문이다.

이러한 모습들을 반성하고, 발문을 계획한 후에는 수업시간에 충분한 숙고시간을 가짐으로써 발문의 효과를 끌어내고 있는지, 유아들이 대답하면서 생각을 완성하고 확장하도록 들어주는지를 되돌아보는 일이 중요하다. 숙고시간과 숙려시간을 충분히 가졌을 때 유아들은 더 길게 대답하게 되고, 더 적절한 대답을 하게 될 것이며, 자신의 대답에 대해 자신감을 갖게 될 것이다.

⑥ 소수가 아닌 모든 유아를 위해 발문한다.

■ 모든 유아를 위한 발문

교사의 발문에 유독 적극적이고 활발하게 대답을 하는 유아가 있는가 하면 용기를 내어 손을 들고 대답하기를 어려워하는 유아도 있다. 후자의 경우 수업에서 소외되기 쉽고, 수업에 참여할 의욕과 기회를 잃게 될 우려가 있다. 생각할 시간이 더 많이 필요한 유아, 부끄러움을 많이 타는 유아, 관중의 역할에 익숙해진 유아를 모두 수용할 수 있는 분위기를 조성하여 평등하게 참여시키는 것은 교사의 중요한 책무임을 기억해야 한다.

또 어떤 교사들은 스스로 잘못됨을 인식하지도 못한 채 부적절한 발문을 남발하는 경우도 있다. 잘못된 발문의 예를 몇 가지 살펴보면 다음과 같다.

■ 잘못된 행동을 통제하기 위한 발문:
"선생님이 이야기하고 나서 잘 들었는지 물어볼 건데 대답할 수 있겠니?"
■ 유아에게 굴욕감을 주는 발문:
"왜 너만 대답을 못한 것일까?", "선생님 목이 왜 이렇게 아프게 됐을까?"
■ 유아의 대답을 임의로 수정하는 발문:
(그렇지 않음에도 불구하고) "그러니까 선생님 생각에 찬성한다는 뜻이지?"
■ 습관적인 "그래, 하지만~" 발문:
"그래, 하지만 지금은 이렇게 하는 것이 더 좋을 것 같아. 그건 다음에 해보자."

이러한 잘못된 발문은 대부분 교육계획의 단계에서는 나타나지 않지만 수업이 실행되는 동안에 나타나는 경우가 많다. 따라서 교사가 자신의 수업을 녹음, 또는 녹화해보고 발문의 질을 분석해보는 일이 필요하다.

■ 유용한 피드백 제공

⑦ 유용한 피드백을 제공한다.

교사들은 발문 후 자신이 선호하는 한두 가지 피드백 유형에만 의존하여 유아들에게 반복적으로 사용하기도 한다. 예를 들어, 어떤 교사가 유아들이 대답할 때마다 "맞아.", "잘 대답했어."라고 반복하여 반응한다면 대답을 통해 강화를 하는 것이 아니라 아무런 의미 없는 말로 표현하는 것에 불과하다. 지나치게 피드백을 빨리하거나 너무 자주하는 것은 오히려 해로울 수 있다.

유아들의 답에 대해 적절한 피드백을 제공하기 위해서는 습관적인 대답보다는 구체적인 내용을 담아 피드백을 하는 것이 좋다. "새로운 생각을 했구나.", "그것도 재밌는 방법이 될 수 있겠구나.", "그렇게 실제로 해보고 싶은 마음이 드는구나.", "조금 더 생각한 후에 네 생각을 다시 들어보고 싶구나.", "○○의 말대로 지금 한 번 해보자." 등을 예로 들 수 있다.

또한 매번 언어적 피드백을 주지 않더라도 눈 마주침, 긍정적인 몸짓, 경청하는 표정 등의 비언어적 피드백을 함께 사용한다면 교사의 지나친 언어적 피드백으로 수업의 흐름이 밋밋해지는 것을 방지할 수 있을 것이다.

연습문제 7-1

다음 계획안의 빈 칸에 유아들의 사고를 자극하는 발문을 적절하게 작성해보자.

활동명	누워서 자전거를 타요	생활주제	교통기관
활동대상	만 3세	활동형태 및 유형	대·소집단활동 - 신체
활동목표	▪ 신호에 맞추어 신체를 빨리 또는 천천히 움직여본다. ▪ 움직임의 모양, 힘, 빠르기 등에 관심을 갖는다. ▪ 다양한 자전거의 종류에 대해 안다.		
누리과정 관련요소	• 신체운동·건강 : 신체 조절과 기본 운동하기 – 신체조절하기 • 예술경험 : 아름다움 찾아보기 – 움직임과 춤 요소 탐색하기		
활동자료	낙하산(또는 여러 명의 유아가 들어갈 수 있는 크기의 둥근 천), 다양한 자전거 타는 모습 사진(누워서 타는 자전거, 누워서 타는 2인용 자전거, 외발 자전거)		
활동방법	**1. 동그랗게 모여 앉아 다양한 자전거 타는 모습을 살펴본다.** **2. 앉은 자리에서 자전거 타는 흉내를 내본다.** **3. 누워서 자전거 타는 흉내를 내본다.** **4. 낙하산 아래에 누워서 낙하산 천을 발로 차며 자전거 타기를 해본다.** **5. 누워서 자전거를 타본 느낌과 앉아서 타본 느낌을 비교해본다.**		

* 3세 누리과정 교사용 지도서 '교통기관, 활동 1-15'에서 부분 발췌하여 재구성함.

연습문제 7-2 다음 계획안의 빈 칸에 유아들의 사고를 자극하는 발문을 적절하게 작성해보자.

활동명	세차장 돌아보기	생활주제	교통기관
활동대상	만 4세	활동형태 및 유형	대·소집단활동 - 현장체험
활동목표	▪ 세차장의 역할과 이용방법에 대해 관심을 가진다. ▪ 질서를 지키며 세차장을 견학한다.		
누리과정 관련요소	• 사회관계 : 사회에 관심가지기 - 지역사회에 관심 갖고 이해하기 • 자연탐구 : 탐구하는 태도 기르기 - 호기심을 유지하고 확장하기		
활동자료	세차장에서 세차하는 장면을 찍은 동영상, 유아명단, 카메라, 메모수첩과 필기구, 비상약품		
활동방법	**1. 세차장이 어떤 곳인지 이야기나눈다.** (빈 칸) **2. 세차장에서 세차하는 모습을 찍은 동영상을 시청한다.** **3. 세차장에서 지켜야 할 약속에 대해 이야기나눈다.** **4. 세차장에서 알아보고 싶은 것들을 질문목록으로 만든다.** **5. 세차장을 견학한다.** **6. 교실에 돌아와, 세차장 견학 사진과 기록물을 보며 세차장 견학을 회상한다.**		

* 4세 누리과정 교사용 지도서 '교통기관, 활동 2-15'에서 부분 발췌하여 재구성함.

연습문제 7-3

다음 계획안의 빈 칸에 유아들의 사고를 자극하는 발문을 적절하게 작성해보자.

<table>
<tr><th>활동명</th><td>옛날에는 어떻게 다녔을까</td><th>생활주제</th><td>교통기관</td></tr>
<tr><th>활동대상</th><td>만 5세</td><th>활동형태 및 유형</th><td>대·소집단활동 – 이야기나누기</td></tr>
<tr><th>활동목표</th><td colspan="3">▪ 옛날 교통수단의 모습을 자세히 관찰해본다.
▪ 옛날 교통수단이 움직이는 방법을 안다.
▪ 옛날과 오늘날의 교통수단을 비교하여 말해본다.</td></tr>
<tr><th>누리과정 관련요소</th><td colspan="3">• 자연탐구 : 탐구하는 태도 기르기 – 탐구과정 즐기기
• 의사소통 : 듣기 – 이야기 듣고 이해하기
• 의사소통 : 말하기 – 느낌, 생각, 경험 말하기</td></tr>
<tr><th>활동자료</th><td colspan="3">옛날 교통수단 사진(가마, 수레, 마차, 뗏목, 돛단배, 열기구 등), 오늘날 교통수단 사진(승용차, 버스, 기차, 지하철, 여객선, 비행기)</td></tr>
<tr><th>활동방법</th><td colspan="3">1. 옛날의 교통수단에 대해 상상해본다.

2. 옛날 교통수단 사진을 보며 이동방법에 대해 알아본다.

3. 옛날 교통수단과 오늘날 교통수단 사진을 여러 가지 방법으로 분류해본다.

4. 옛날과 오늘날 교통수단의 장단점에 대해 이야기나눈다.</td></tr>
</table>

* 5세 누리과정 교사용 지도서 '교통기관, 활동 3-1'에서 부분 발췌하여 재구성함.

8차시 성취감과 기대감으로 이어지는 활동의 마무리

활동의 마무리는 유아들이 활동 후의 성취감을 느끼게 하고 다음 활동에 대한 기대감을 갖게 하는 중요한 단계이다. 활동의 마무리가 잘 이루어진 경우, 유아들은 '오늘 활동은 정말 재밌었다!', '활동을 끝내니 만족스럽다!', '다음 활동도 기대된다!'와 같은 마음을 갖게 된다. 따라서 활동의 도입과 전개 단계를 신중하게 계획했듯이 수업의 끝맺음을 효과적으로 계획하는 일 역시 반드시 필요하다.

그러나 교사들의 교육계획안을 살펴보면 진행된 수업의 내용과 관계없이 비슷한 형식으로 마무리를 작성하는 경우가 발견된다. 습관적인 발문, 예를 들어 "오늘 활동을 해보니 어땠어?", "이것으로 또 뭘 해보고 싶어?", "이제 손 씻고 간식 먹으러 가자." 등을 계획안마다 똑같이 적는 것이다.

마무리에 대한 이미지

> 도입, 전개, 마무리를 학부 때도 배웠는데. **마무리가 잘 안돼요. 아이들 집중력이 떨어지고, 저도 했던 말을 또 하게 돼서 잘 안 해요.** 도입은 집중하는 것, 어렴풋이나마 오늘 ~에 대해서 할 것을 느끼는 것? 전개는 주제가 전개가 되는 거니까, 목표에서 다뤘던 내용을 최대화하여 이야기 하는 것. **마무리는... 마무리가 중요한 것 같기는 한데, 마무리는 발문 잘 안하고, 다음 일과 소개하는 것으로 해요.**
>
> – A교사와의 심층면담 중에서

활동의 마무리 단계에서는 유아들의 의견을 통합하도록 도와주고, 수업의 내용이나 활동에서 의미를 찾을 수 있도록 해야 한다. 또 유아들이 기존에 가지고 있었던 사전지식에 연결하여 반성적 사고과정을 경험하도록 해야 한다.

활동의 마무리가 활동의 목표를 효과적으로 달성할 수 있도록 돕는 몇 가지 이유를 정리하면 다음과 같다.

활동의 마무리 =
목표와 관련된 성취감 +
반성적 사고 +
다음 활동에 대한 기대감

- 활동 중에 경험한 내용을 통합하도록 한다.
- 활동 참여에 대해 성취감을 갖게 한다.
- 유아가 경험과 후속 경험을 연결하도록 돕는다.
- 새롭게 경험하게 될 내용에 대한 기대감을 심어준다.

이에 따라 활동의 마무리 단계에서 사용할 수 있는 사례 몇 가지 살펴보면 다음과 같다.

■ 활동의 목표(지식, 기술, 태도)와 관련지어 보기

"오늘 활동을 하면서 새롭게 알게 된 사실이 있니?"

"오늘 활동을 하면서 예전에는 못했지만 할 수 있게 된 것이 있니?"

"오늘 활동을 하면서 어떤 마음을 갖는 것이 중요하다고 생각되었니?"

■ 활동을 요약해보기

"오늘 했던 활동에 어울리는 제목을 붙여볼까?"

"오늘 했던 활동을 다른 반 친구에게 뭐라고 설명하면 좋을까?"

■ 주제에 따른 흐름을 알아보기

"어제는 ~~에 대해 알아보았는데 오늘은 무엇을 알아보았니?"

"그렇다면 내일은 무엇을 알아보면 좋을까?"

■ 새로운 지식을 확장하도록 하기

"오늘 알게 된 사실을 누구에게 알려주고 싶니?"

"오늘은 이렇게 했지만 또 어떤 방법으로 해볼 수 있을까?"

■ 배운 것을 연습해보도록 하기

"오늘 해본 것을 어느 영역에서 더 해보기로 할까?"

■ 반성적 사고하기

"오늘 활동을 하며 아쉬웠던 점은 무엇이었니?"

"어떻게 했더라면 더 좋았을까?"

때로는 수업의 마무리 단계에서 간단한 활동을 해보는 것도 좋다. 유아들의 발달 특성상 몸을 움직이거나 종합적인 활동에 참여하는 것이 더욱 흥미로울 수 있기 때문이다. 다음은 B대학 유아교육과 예비 교사들이 '한복에 대해 알아보기' 활동의 마무리에서 해볼 만한 아이디어를 낸 것을 정리한 것이다.

마무리 활동의 예

- 회상한 내용을 녹음기에 녹음해서 그 다음시간에 회상 자료로 사용하기
- 노랫말을 개사해서 부르며 서로의 작품을 칭찬하기
- 전통혼례 짝꿍 정하고 끝내기
- 한복을 종류에 따라 분류해서 정리하기
- 인형에게 한복 입혀보기
- 한복입고 사진 찍기(옛날 풍속화에 포토샵으로 넣어주기)
- 한복입고 워킹하기
- 한복 바르게 입기 퀴즈대회하기

마무리 작성을 위한 연습 1. 다음 활동의 마무리 부분을 '성취감, 기대감, 반성적 사고 과정 등'이 담길 수 있도록 다시 작성해보자.

1. 치과에 다녀온 활동을 회상한다.
- 오늘 우리가 어디에 갔었지?
- 치과에 가보니 어땠니?
- 다음에는 또 어디에 가보고 싶니?

2. 다음 일과를 알아본다.
- 이제 뭐 할 시간이지?
- 의자에 앉아 있는 사람부터 일어나서 화장실 다녀오자.

⇓

연습문제 8-1

활동의 전개과정을 읽고, 유아의 성취감과 기대감을 유발할 수 있는 활동의 마무리 부분을 작성해보자.

활동명	소고춤을 감상해요	생활주제	우리나라
활동대상	만 3세	활동형태 및 유형	대·소집단활동 - 신체
활동목표	▪ 우리나라 전통 춤인 소고춤에 관심을 갖는다. ▪ 음악에 맞춰서 소고춤을 자유롭게 춘다. ▪ 팔과 다리의 힘을 조절하여 소고춤 동작을 표현한다.		
누리과정 관련요소	• 신체운동·건강 : 신체 조절과 기본 운동하기 – 신체조절하기 • 사회관계 : 사회에 관심 갖기 – 우리나라에 관심 갖고 이해하기 • 예술경험 : 예술적 표현하기 – 움직임과 춤으로 표현하기		
활동자료	'소고춤을 감상해요' 동영상, 소고		
활동방법	**1. 소고를 자유롭게 탐색해본다.** **2. 소고를 이용한 다양한 춤동작을 만들어본다.** **3. '소고춤을 감상해요' 동영상을 감상한다.** **4. 음악에 맞추어 소고춤을 춰본다.**		

* 3세 누리과정 교사용 지도서 '우리나라, 활동 2-23'에서 부분 발췌하여 재구성함.

연습문제 8-2 활동의 전개과정을 읽고, 유아의 성취감과 기대감을 유발할 수 있는 활동의 마무리 부분을 작성해보자.

활동명	딱지 꾸미기	생활주제	우리나라
활동대상	만 4세	활동형태 및 유형	자유선택활동 – 미술 영역
활동목표	▪ 우리나라 전통놀이 중 하나인 딱지치기에 관심을 갖는다. ▪ 딱지를 직접 접어본다. ▪ 종이 재질과 크기에 따른 딱지의 차이를 비교해본다.		
누리과정 관련요소	• 신체운동·건강 : 신체조절과 기본운동하기 – 신체조절하기 • 사회관계 : 사회에 관심 갖기 – 우리나라에 관심 갖고 이해하기 • 예술경험 : 예술적 표현하기 – 미술활동으로 표현하기		
활동자료	재질이 다른 여러 종류의 종이(A4용지 크기 정도 혹은 직사각형의 종이), 사인펜(혹은 유행하는 만화 캐릭터 삽화를 복사하여 붙인 후 색칠하기)		
활동방법	**1. 딱지치기의 경험에 대하여 이야기나눈다.** **2. 딱지를 만드는 방법과 딱지치기 방법에 대하여 알아본다.** **3. 종이 재질이 다른 여러 종류의 종이 중 한 장을 골라, 딱지를 접어본다.** **4. 두 명씩 짝을 지어 딱지치기를 해본다.**		

* 4세 누리과정 교사용 지도서 '우리나라, 활동 2-8'에서 부분 발췌하여 재구성함.

연습문제 8-3 활동의 전개과정을 읽고, 유아의 성취감과 기대감을 유발할 수 있는 활동의 마무리 부분을 작성해보자.

활동명	사군자 그리기	생활주제	우리나라
활동대상	만 5세	활동형태 및 유형	자유선택활동 - 미술 영역
활동목표	▪ 사군자의 의미에 대해 안다. ▪ 전통 미술품에 관심을 갖고 아름다움을 느껴본다. ▪ 팔과 손의 힘을 조절하여 사군자를 그려본다.		
누리과정 관련요소	• 사회관계 : 사회에 관심 갖기 - 우리나라에 관심 갖고 이해하기 • 예술경험 : 예술적 표현하기 - 미술활동으로 표현하기		
활동자료	사군자 그림, 한지, 벼루와 먹, 그릇, 물통, 물감, 붓, 신문지 혹은 깔개		
활동방법	**1. 사군자 그림들을 감상한다.** **2. 사군자의 의미에 대해 이야기나눈다.** **3. 종이, 붓, 벼루, 먹을 이용하여 사군자를 그리는 방법에 대해 알아본다.** **4. 어떤 그림을 그리고 싶을지 먼저 생각해보고 사군자를 그려본다.**		

* 5세 누리과정 교사용 지도서 '우리나라, 활동 2-10'에서 부분 발췌하여 재구성함

9차시 다음 수업에 도움이 되는 활동평가하기

평가는 교육목적의 달성 정도를 판단하며, 일정한 기준을 가지고 교육활동의 성과를 가늠하여 결과에 대한 가치를 판단하는 일련의 과정이다. 유아가 주어진 수업목표를 얼마나 달성했는지, 수업이 얼마나 효율적이었는지를 되돌아보고 후속되는 수업을 조정하기 위해서 수업 후의 평가는 반드시 행해져야 한다. 교사가 교육계획안의 평가란에 수업을 평가하고 다음 교육과정에의 반영사항을 적는 것은 '교육과정 개발 및 재구성자'로서의 전문가적 면모를 발휘하는 것이다.

그러나 때때로 교사들은 '평가는 다음 수업에 즉각적인 도움을 주지 못한다'고 생각하거나, 평가를 '형식적으로 적는 것'으로 인식하며 활동을 단순히 요약하여 평가란을 채우는데 그치고 있다. 실제로 일일교육계획의 평가란의 내용을 분석한 연구(김성희, 2004)에서 교사들은 평가할 때 교수방법적 측면에 가장 큰 비중을 두는 경향이 있고, 가치 판단이 반영되지 않는 일과요약을 서술하는 비율이 높은 반면, 환경구성, 교사협력, 교사갈등에 대한 내용을 평가에 반영하는 비율은 매우 낮은 것으로 나타났다. 즉, 평가에서 다루어질 수 있는 '반성의 범위'에 대한 이해가 부족한 것이다.

■ 반성적 사고의 범위와 반성적 사고과정에 대한 이해가 필요

평가가 효율적으로 수행되기 위해서는 반성적 사고의 범위와 반성적 사고과정에 대한 이해가 필요하다. 반성적 사고의 범위는 유아에 대한 이해, 교과교육에 대한 이해, 교육과정에 대한 이해, 교육목표 선정, 교육계획의 구조화, 환경 구성, 학급 운영 및 생활지도, 교수학습방법 적용, 유아 평가, 교육과정 평가, 교사 평가, 수업을 향상시키기 위한 노력 등 매우 다양하다. 또 단순한 사실을 나열하기 보다는 반성적 사고과정 즉, 제안하기 – 지성화 – 가설형성 – 추론 – 가설검증 등의 단계를 염두에 두고 평가한다면 다음 수업에 반영될 소지가 높다.

반성적 사고과정

단계	내용
제안하기	• 당연하게 받아들여졌던 사실에 대해 의심해보기 • 즉각적으로 생각나는 아이디어를 말해보기
지성화	• 문제를 더욱 명확히 정의내리기 • 문제의 원인 인식하기 • 문제를 다양한 관점에서 조망해보기 • 자신의 주장에 대한 논리적인 근거를 대기 • 문제와 관련된 사실과 해결의 단서를 검토하기

단계	내용
가설 형성	• 문제해결에 더 적절한 개연성 있는 가설을 형성하기 • 다양한 문제해결 방안을 모색해보기 • 있을 수 있는 결과를 예측하기
추론	• 다양한 해결방안들의 장·단점 비교해보기 • 각각의 제안을 심사숙고하여 지성적으로 검증하기
가설 검증	• 가설을 구체적 행위에 의해 입증하기 • 기대한 바로 되지 않았다면, 다시 행위하기

평가에 반성적 사고의 범위와 반성적 사고과정을 담아내기 위한 방법의 일환으로 일일교육계획안의 총평 란의 모습을 아래와 같이 수정하여 작성해보는 것도 도움이 된다.

✔. 일일교육계획안의 총평 작성 양식의 예

<table>
<tr><td rowspan="5">총평</td><td>□ 유아에 대한 이해</td><td>□ 교육계획의 구조화</td><td>□ 유아 평가</td><td rowspan="4">다음 수업에 반영 사항</td></tr>
<tr><td>□ 교과교육에 대한 이해</td><td>□ 환경 구성</td><td>□ 교육과정 평가</td></tr>
<tr><td>□ 교육과정에 대한 이해</td><td>□ 학급운영 및 생활지도</td><td>□ 교사 평가</td></tr>
<tr><td>□ 교육목표 선정</td><td>□ 교수 학습 방법 적용</td><td>□ 수업을 향상시키기 위한 노력</td></tr>
<tr><td colspan="3">• 위의 항목 중 어느 부분에 대해 평가할 것인지 체크한 후 관련 내용에 관해 평가
• 제안하기나 지성화 단계에서 머무르지 않도록 문제를 해결하기 위한 가설형성, 추론, 가설검증에 관한 내용도 활발하게 기록
• 스스로 해결하지 못한 문제는 어떠한 도움을 받아 해결할 것인지, 또는 해결했는지를 기록</td><td>• 수업평가 결과, 내일 또는 며칠 뒤의 수업 또는 내년 같은 수업을 할 경우에 반영해야 할 사항을 기록</td></tr>
</table>

또한 단위활동계획안의 평가를 보다 실효성 있게 작성하는 방법 중 하나는 교사가 자신의 수업을 반성하기 위한 자체 평가문항을 만들어서 사용하는 것이다. 교사가 제작한 평가문항을 통하여 교사는 평가를 수업 혹은 학습 경험과 통합할 수 있고, 수업의 일부로 평가를 수행할 수 있다(Wortham, 2010).

다음은 A교사가 자체 평가문항에 대한 필요성을 느끼고 일일교육계획안 내의 단위활동계획안 양식을 수정하여 사용한 예이다. 교육계획이 한 눈에 들어오는 것을 중요하게 여기는 A교사는 단위활동평가란(비고란)에 단위활동평가표를 제시하여 본인이 정한 척도의 유무를 확인하고자 하였다. 특히, '교사 대 유아 의사소통 참여 비율을 평가한다'고 계획하는 등 본인의 수업에 반성적으로 사고해야 할 내용이 무엇인지를 자각하고 있었으며, 유아의 주요 반응을 기록으로 남겨 놓아 다음 수업에 활용하고자 하였다.

활동평가에 대한 A교사의 생각

> 제가 개별 수업에 대한 평가를 제대로 못해서요. **자료 적합성, 흥미와 참여도, 유아들이 모두 참여했는지, 의사소통할 때 유아 주도였는지**(○,× 퀴즈 할 때 제가 너무 많이 말을 해서요.) 비율을 적어봤어요. 평가항목은 1~4번은 고정 5번은 추가 수정하면서 활용하면 좋을 것 같아요. **평가표에 ○,×로 표시하고 추가 설명**을 적는 게 필요하다고 생각했어요.
>
> – A교사와의 심층면담 중에서

ㅅ. A교사가 만든 단위활동계획안(평가) 양식의 예

00:00~ 00:00 집단 활동	**활동명**		**단위활동평가표** • 활동의 목표가 성취됐나? • 활동자료가 적절했나?
	활동목표		• 활동방법은 적절했나? • 발문, 동기유발은 적절했나? • *위 문항은 ○, △, ×로 표시하고, 마지막 빈 칸은 교사가 자기평가 문항을 만들어, 서술식으로 평가*
	활동자료		**유아들의 주요 반응**
	활동방법		• *활동 중 유아들의 주요한 반응을 기입* *–독특하고 창의적인 반응* *–해결되지 못한 질문* *–활동에 흥미를 보이지 않는 유아와 그 이유*

그러나 B교사의 경우, 정해진 양식보다는 자유롭게 계획안 내에 평가내용을 표시하거나 적는 것을 편하다고 생각하고 있다.

활동평가에 대한 B교사의 생각

단위활동평가는 **총평에 한꺼번에 쓰기보다는 단위활동마다** 쓰는 게 옳다고 생각해요. 저는 (교육계획안) 중간 중간에 교사가 **밑줄, 화살표 등 스스로 알아볼 수 있게, 자유롭게** 평가하면 좋겠다는 생각을 했어요.

– B교사와의 심층면담 중에서

위의 두 가지 사례 모두 교사가 활동에 대한 평가의 중요성을 인식하고, 나름대로의 방안을 모색하여 수업을 반성하고 있는 모습이라고 볼 수 있다. 평가를 바탕으로 교육계획안을 수정, 검토, 개선하는 작업은 향후 효율적인 수업 설계를 가능케 하며, 평가 결과는 교수·학습 방법의 개선, 교육과정의 편성과 운영, 부모면담, 생활기록부 작성 등 다양하게 활용될 수 있을 것이다.

한편 A교사가 계획안에 유아들의 주요 반응을 적었듯이, 교육계획안의 평가란에는 학급 운영 및 생활지도에 관련하여 발견된 사실이나 고민들을 기록하고 평가하는 일도 중요하다. 왜냐하면 유아들의 문제행동이나 기본생활습관의 문제는 수업에 큰 방해 요인이 되며, 특히 학기 초에는 적응 문제를 해결해야 본격적인 수업이 시작될 수 있기 때문이다. 그러므로 수업장면에서 일어나는 다음과 같은 다양한 행동들을 관리하고 해결책을 모색하는 연습이 필요하다(김영옥, 2001).

- 상황에 따라 기대되는 유아의 행동
  (언어영역이나 역할놀이영역에서의 기대되는 행동과 목표가 같을 수 없으므로)

- 그 장면의 규칙이나 규범에서 이탈하는 비중에 대한 판단
  (모르는 척 넘어가야 할 행동과 주의를 주어야 할 행동 등)

- 선택한 기술의 사용 시기
  (지금인가 아니면 좀 더 기다릴 것인가 등)

- 교실 내외의 사소한 분쟁들
  (그룹에 참여하지 않는 아이, 남의 일에 참견만 하는 아이, 기다리지 못하는 아이, 아무것도 하지 않으려는 아이 등)

수업 장면에서 해결해야 할 생활지도 내용들은 '문제행동지도' 관련 서적에서는 다루어지지 않는 오히려 사소한, 그러나 수업에 결정적 영향을 미치는 내용들이다. 그럼에도 불구하고 생활지도는 수업과는 별도로 수행해야 할 일이라는 인식으로 인해, 교육계획안에 생활지도와 관련된 내용을 적극적으로 기록하지 않는 것은 문제가 될 수 있다. 이에 따라 교육계획안에 일화기록 및 생활지도 방법을 포함하여 작성하는 것은 개별 유아의 생활지도 차원에서 뿐만 아니라 수업이 성공 또는 실패한 이유에 대한 시사점을 발견할 때에도 좋은 자료로 활용될 수 있을 것이다.

ㅅ. 일일교육계획안에 일화기록을 포함한 양식의 예

일화기록	유 아 명		관찰 시간 및 장소		학부모 면담 사항
	관찰내용	*• 자유선택활동시간 및 집단활동 시간의 모습을 떠올리며 한두 명의 유아를 집중적으로 관찰한 내용을 기록*			*• 관찰 결과를 학부모에게 전달한 결과와 피드백을 기록*
	관찰결과	*• 유아를 관찰한 결과에 따라 어떠한 도움을 줄 것인지에 관한 내용과 방법을 기록*			

평가 작성을 위한 연습 1. 본인이 했던 모의수업 중 하나를 떠올리며, 다음의 활동평가 양식에 맞춰 평가해보자.

☐ 유아에 대한 이해	☐ 교육계획의 구조화	☐ 유아 평가
☐ 교과교육에 대한 이해	☐ 환경 구성	☐ 교육과정 평가
☐ 교육과정에 대한 이해	☐ 학급운영 및 생활지도	☐ 교사 평가
☐ 교육목표 선정	☐ 교수 학습 방법 적용	☐ 수업을 향상시키기 위한 노력

· 위의 항목 중 어느 부분에 대해 평가할 것인지 체크한 후 관련 내용에 관해 평가
· 제안하기나 지성화 단계에서 머무르지 않도록 문제를 해결하기 위한 가설형성, 추론, 가설검증에 관한 내용도 활발하게 기록
· 스스로 해결하지 못한 문제는 어떠한 도움을 받아 해결할 것인지, 또는 해결했는지를 기록

10차시 수업동영상을 보며 교육계획 분석하기

지금까지 교육계획을 위한 구체적인 작성방법을 알아보고 연습하였다. 그런데 똑같은 교육계획안으로 수업을 하더라도 실행에 있어서는 교실마다 또는 교사마다 큰 차이를 보일 수 있다. 왜 계획과 실행은 반드시 일치하지 않을까? 성공적인 실행을 위해서 교육계획은 어떻게 보완되어야 할까? 이번 차시에서는 교육계획을 실행과 관련지어 생각해보며 이러한 물음에 대해 함께 고민해보고자 한다. 실제 교실 상황에서 수업이 이루어지는 동영상을 감상하며 수업 분석틀을 채워보자.

- 수업동영상을 함께 시청하기 ('유치원 우수 수업 동영상' 등으로 검색)
- 수업 분석해보기

활동명			
대상연령		유아 수	
수업시간		유아의 집중시간	
활동자료			
수업의 장점			
수업의 단점			
수업은 유아들에게 유익했나?			

- 교육계획에 있어서의 문제점 발견하기
- 친구들과 의견 나누기

11차시 분석한 내용을 반영하여 계획안을 다시 작성해보기

10차시에 토의했던 내용들을 바탕으로 교육계획안을 다시 작성해보자. 나라면 같은 수업을 어떻게 계획하고 실행했을까? 어떠한 부분을 수정하여 교육계획에 반영하였나?

■ 활동목표 부분에서

■ 활동자료 부분에서

■ 도입 부분에서

■ 전개 부분에서

■ 마무리 부분에서

계획안 다시쓰기

10차시에서 수업동영상을 감상하고 분석했던 내용을 바탕으로 교육계획안을 다시 작성해보자.

활동명		생활주제	
활동대상		활동형태 및 유형	
활동목표			
누리과정 관련요소			
활동자료			
활동방법			

활동방법	
참고사항	
확장활동	

12차시 누리과정지도서 계획안 수정해보기

교사가 되었을 때 수업을 준비하며 가장 많이 참고하는 자료는 누리과정지도서이다. 그런데 2차시의 '계획안을 잘 써야 하는 이유'에서도 언급했듯이, 누리과정지도서는 전국적인 수준을 고려한 국가수준교육과정이기 때문에 지역적 특성과 여건, 유아교육기관의 실정, 교사의 자율성, 유아들의 특성에 따라 융통성 있게 수정하여 적용해야 한다. 따라서 누리과정에 제시된 활동을 수정 없이 그대로 수업에 사용하거나 '누리과정을 무조건적으로 활용해야 한다.'는 생각으로 누리과정 활동 선정에만 관심을 쏟는 일에서 벗어나야 한다. 자신만의 개성 있는 주제와 흥미로운 수업내용을 구성하여 훌륭한 수업을 이끌어내는 일이 필요하다.

이에 따라 이번 차시에서는 누리과정지도서를 자율적이고 창의적으로 수정해보는 연습을 해보기로 하자. 지역적 특성과 여건, 유아교육기관의 실정, 유아의 특성 등은 가상으로 설정해보자.

■ 누리과정지도서에서 활동 선정하기

활동번호와 활동명 :

■ 지역적 특성과 여건, 유아교육기관의 실정을 반영하여 수정할 점 생각해보기

■ 개인적으로 수업을 성공적으로 실행하기 위한 자율적인 아이디어 생각해보기

■ 우리 학급의 유아들의 특성을 반영하여 수정할 점 생각해보기

누리과정 수정하기

누리과정지도서의 활동 하나를 자유롭게 선정하여 자율적으로 수정하여 다시 작성해보자.

활동명		생활주제	
활동대상		활동형태 및 유형	
활동목표			
누리과정 관련요소			
활동자료			
활동방법			

활동방법	
참고사항	
확장활동	

13차시 향상된 교육계획 능력 확인하기

지금까지 교육계획안을 작성할 때의 망설임이나 어려움을 해결하기 위하여 계획안 작성에 대한 다양한 지침들을 알아보고 연습해보았다. 나의 교육계획 능력은 얼마나 향상되었을까? 첫 시간에 교육계획 능력을 진단하기 위해 작성했던 계획안을 보지 말고 다시 작성해보자. 그리고 전과 후의 계획안을 비교해보며 다음의 질문에 대해 생각해보자.

- 전과 후의 계획안에 각각 점수를 매겨보자. 몇 점 정도 향상되었나?

- 전과 후의 계획안을 비교했을 때, 가장 많이 달라진 점은 무엇인가?

- 여전히 노력해야 할 점은 무엇인가?

사후진단 다음에 주어진 활동명, 생활주제, 활동대상, 활동형태 및 유형을 토대로 단위활동계획안을 자유롭게 작성해보자. (제한시간: 40분)

활동명	한복에 대해 알아봐요.	생활주제	우리나라
활동대상	만5세	활동형태 및 유형	대집단활동-이야기나누기
활동목표			
누리과정 관련요소			
활동자료			
활동방법			

활동방법	
참고사항	
확장활동	

참 고 문 헌

교육부, 육아정책연구소 (2013). 누리과정 컨설팅장학 운영매뉴얼. 서울: 교육부 · 육아정책연구소.

김성희 (2004). 유아교사의 학급경영록 일일교육계획안의 평가란 분석. 이화여자대학교 대학원 석사학위논문.

김영옥 (2001). 유치원 교육과 교사의 수업전문성. 교육발전, 22(3). 65-97.

박혜경 (2010). 교육실습을 통해 살펴본 예비교사들의 경험. 아동교육, 19(2), 103-113.

변영계, 이상수 (2003). 수업설계. 서울: 학지사.

서울특별시교육청 (2014). 서울특별시 유치원 교육과정 편성 · 운영 지침. 서울: 서울특별시교육청.

중앙대학교사범대학부속유치원 (2014). 중앙대학교사범대학부속유치원교육과정. 경기: 공동체.

홍찬의 (2014). 교육 계획에 내재된 유치원 교사의 수업전문성 탐구. 중앙대학교대학원 박사학위논문.

Bloom, B., Englehart, M., Hill, W., Furst, E., & Krathwohl, D. (1956). *Taxonomy of educational objectives: The classification of education goals. Handbook I: Cognitive domain.* New York: Longman Green.

Bruner, J. (1986). *Actual minds, possible worlds.* Cambridge, MA: Harvard University Press.

Cooper, J. M., et al. (2011). *Classroom Teaching Skills*(9th ed.). New York: Cengage Learning / 서명석 외 옮김(2011). 수업전문성 cafe: 그것의 지형과 맥락. 서울: 아카데미프레스.

Gagne, R. (1985). *The conditions of learning* (4th ed.). New York: Holt, Rinehart & Winston.

Keller, J. B., & Bichelmeyer, B. A. (2004). What happens when accountability meets technology integration. *TechTrends: Linking Research & Practice to Improve Learning, 48*(3), 17-24.

Moallem, M. (1998). An expert teacher's thinking and teaching and instructional design models and principles: An ethnographic study. Educational Technology. *Research & Development, 46*(2), 37-64.

Piaget, J. (1952). *Origins of intelligence in children.* New York: W. W. Norton.

Shrock, S. A. (1995). A brief history instructional development In G. J. Anglin(Ed.), *Instructional technology: Past, present, and future* (2nd ed.). Cambridge: MIT Press.

Wortham, S. C. (2008). *Association for Childhood Education International*(5th ed.). NJ: Merill/ Prentice Hall.

〈연습문제 해답〉

3차시

목표 작성을 위한 연습 1.

1. 지
2. 기
3. 지
4. 기
5. 태

목표 작성을 위한 연습 2.

이야기를 듣고 극으로 표현할 수 있다. (○)

목표 작성을 위한 연습 3.

쌀가루가 떡이 되는 과정을 관찰하여 설명해본다.

목표 작성을 위한 연습 4.

행동적 목표 → 3가지 도형으로 이루어진 도형 패턴을 보고 규칙성을 찾아 설명할 수 있다.

표현적 목표 → 오감을 활용하여 가을의 자연물을 자유롭게 탐색해본다.

목표 작성을 위한 연습 5.

□√ 행동적 목표 또는 표현적 목표의 구조를 갖추었는가?
□√ 구체적으로 작성하였는가?

⇓

◦ 만국기 사진을 보며 만국기의 의미에 대해 알아본다.
◦ 20가지 종류의 세계 여러 나라 국기를 색깔과 모양에 따라 분류해본다.
◦ 친구와 협동하여 만국기 만드는 활동에 즐겁게 참여한다.

연습문제 3-1

◦ 유치원 바깥놀이터에서 볼 수 있는 시설에 대해 안다.
◦ 일정한 높이만큼 높이뛰기를 하며 몸을 뻗어본다.
◦ 차례를 지키며 높이뛰기 활동에 참여한다.

연습문제 3-2

◦ 교실의 놀잇감에 대해 관심을 갖는다.
◦ 동시를 바른 자세로 앉아 감상한다.
◦ 동시 내용을 부분적으로 수정하여 말할 수 있다.

연습문제 3-3

◦ 반 이름이 갖고 있는 의미에 대해 안다.
◦ 학급 공동체 의식을 느껴본다.
◦ 친구들과 협의하여 반 훈을 정해볼 수 있다.

4차시

자료 작성을 위한 연습 1.

손전등, 휴대폰, 초, CD, 엘리베이터 버튼 사진, 자동차 라이트 사진, 장난감 등

연습문제 4-1

스스로 옷을 입고 벗는 모습이 담긴 사진 자료 (스웨터를 입는 사진, 스웨터를 벗어서 옷걸이에 걸어 놓는 사진, 바지를 벗는 사진, 바지를 벗어서 개어 놓는 사진, 셔츠 단추를 잠그는 사진, 양말을 신는 사진 등), '입어요, 벗어요' 음원 및 CD Player

연습문제 4-2

자연물로 만든 가족 선물 사진, 주변에 있는 자연물(꽃잎, 나뭇잎, 돌멩이, 나뭇가지, 흙, 모래 등), 본드, 지끈, 도화지, 여러 가지 쓰기 도구(사인펜, 매직, 네임펜 등)

연습문제 4-3

다양한 가족 유형에 대한 그림(대가족, 핵가족, 조손가족, 한부모가족, 소년소녀가장가족 등), 가족 구성원 목걸이, 동화 '아빠가 너를 얼마나 사랑하는지 아니? (김미경, 아이누리, 2006)'

5차시

도입 작성을 위한 연습 1.

치과에 가본 경험에 대해 이야기나눔으로써 관련성 전략을 사용하고 있으나, 주의집중 전략 및 목표 제시하기 면에 있어서 보완되어야 한다.
1. 치과에 가본 경험에 대해 이야기나눈다.
2. 반쪽이 가려진 치과 모습 사진 여러 장을 살펴보며, 치과에서 볼 수 있는 것들을 맞춰본다.

연습문제 5-1

- **유아들과 동네를 산책하며 찍은 건물의 창문 사진을 함께 보며 창문의 모양에 대해 이야기 나눈다.**
  - 아파트의 창문은 어떤 모양이니?
  - 우리 유치원 사진에는 어떤 모양의 창문이 있니?
  - 학교의 창문은 어떤 모양이니?
- **사진 속 창문 모양과 여러 가지 모양 종이를 연결 지어 붙여본다.**
  - 동그라미(세모, 네모) 모양의 창문은 어디에 있니?
  - 여기 있는 모양과 같은 창문을 찾아서 옆에 붙여볼까?

연습문제 5-2

- **우리 동네 자연휴양림에서 주어온 다양한 자연물을 탐색해본다.**
  - 자연휴양림에 어떤 소리가 들렸니?
  - 우리가 자연휴양림에서 모아온 것으로 어떤 소리를 낼 수 있을까?
- **같은 자연물이라도 다르게 소리 낼 수 있는 여러 가지 방법을 생각해본다.**
  - 돌멩이로는 어떤 소리를 낼 수 있을까?
  - 돌멩이끼리 부딪쳐 볼까? 이번에는 비벼보자.
  - 나뭇잎에 대고 불면 어떤 소리가 날까?

연습문제 5-3

- **시장에 가본 경험에 대해 이야기나눈다.**
  - 시장에 가본 적이 있니?
  - 시장은 무엇을 하는 곳이니?
  - 시장에는 어떤 사람들이 있니?
  - 시장에 가면 무엇을 살 수 있니?
- **시장에서 볼 수 있는 것들을 리듬에 맞추어 이야기나눈다.**
  - 우리 돌아가면서 시장에서 살 수 있는 것들을 리듬에 맞추어 이야기해볼까?
  - (교사) "시장에 가면", (유아) "신발도 있고"
  - (교사) "시장에 가면", (유아) "신발도 있고"

6차시

연습문제 6-1

- 공으로 할 수 있는 게임에 대해 생각해본다.
- 공 전달하기 게임 방법에 대해 알아본다.
- 게임을 할 때 지켜야 할 약속에 대해 이야기나눈다.
- 약속을 지키며 게임을 한다.
- 공을 전달하며 재미있었던 점을 떠올리며 게임을 평가한다.

연습문제 6-2

- 비누를 사용해 본 경험에 대해 이야기나눈다.
- 물비누를 만져보며 탐색해본다.
- 다양한 방법으로 비누거품을 만든다.
- 비누거품 그림을 그릴 때 주의해야 할 점에 대해 생각해본다.
- 옷 모양 도화지와 여러 가지 색 비누거품을 이용하여 그림을 그린다.
- 끈으로 연결해 놓은 빨래 줄에 빨래집게로 그림을 고정하여 말린다.
- 완성된 작품을 함께 감상하며 그림에 생긴 무늬에 대해 이야기나눈다.

연습문제 6-3

- 이의 생김새와 구조에 대해 이야기나눈다.
- 이를 썩게 하는 이유에 대해 생각해본다.
- 실험 재료를 보며 이를 썩게 하는 과정을 알아보기 위해 어떻게 실험할 수 있을지 토의해 본다.
- 실험 결과를 예측하여 적어본다.
- 함께 정한 실험 방법에 따라 실험해본다.
- 다음 날 관찰 후 변화된 내용을 기록하고 실험 전과 후를 비교해본다.

7차시

발문 작성을 위한 연습 1.

단계	발 문
지식	토끼와 거북이 중 달리기를 더 잘하는 동물은 누구일까?
이해	거북이가 경주에서 이긴 이유는 무엇일까?
적용	거북이처럼 끝까지 최선을 다했던 경험이 있니?
분석	토끼는 왜 경주하다 말고 낮잠을 잤던 것일까?
종합	토끼가 낮잠을 자지 않았는데 거북이가 이긴 이야기를 새롭게 만들어보자.
평가	끝까지 최선을 다하는 것은 왜 중요할까?

발문 작성을 위한 연습 2.
공간적 지능 → 개미 마을에는 방이 몇 개나 될까? 그림으로 그려보고 싶은 친구 있니?
대인관계 지능 → 다른 개미들과 힘을 모아 먹이를 옮기려면 어떻게 해야 할까?

연습문제 7-1

- 누워서 자전거를 타볼까?
- 옆 친구와 부딪치지 않으려면 어떻게 해야 할까?
- 다리를 들고 자전거 타는 것처럼 움직여볼까?
- 노래를 부르며 노래에 맞추어 다리를 굴려볼까?
- 빨리 / 느리게 달리는 자전거가 되어보자.
- 갑자기 자전거가 멈췄다고 해보자!

연습문제 7-2

- 세차장에 가본 적이 있니?
- 세차장에 가면 무엇을 볼 수 있을까?
- 세차장에 가면 어떤 소리가 날까?
- 자동차와 세차장이 되어 우리 몸으로 표현해보자. 누가 자동차가 되어보겠니? 누가 세차장이 되어보겠니?

연습문제 7-3

- 옛날과 오늘날 교통수단을 비슷한 것끼리 짝지어보자. 왜 그렇게 생각했니?
- 이 사진들을 또 어떤 방법으로 분류해볼 수 있을까?
- 먼 곳을 갈 때 더 편리한 것끼리 묶어볼까?
- 천천히 구경을 하면서 여행하기에 좋은 것끼리 묶어보자.
- 물건을 나를 때 편리한 것끼리 묶어보자.

8차시

마무리 작성을 위한 연습 1.

1. 치과 견학을 통해 새롭게 알게 된 사실에 대해 이야기 나눈다.
- 오늘 치과 견학을 다녀와서 새롭게 알게 된 점이 있니? 무엇이니?
- 선생님이 그 내용들을 화이트보드에 적어볼게.
- 정말 많은 사실들을 알게 되었구나.

2. 역할놀이 영역에서 치과놀이를 할 때 더 필요한 것에 대해 생각해본다.
- 치과에 다녀오니, 치과놀이를 할 때에 어떤 것이 있으면 더 좋겠다는 생각이 드니?
- 그것들을 어떻게 만들면 좋을까?
- 다음 미술활동 시간에 함께 만들어보기로 하자.

연습문제 8-1

5. 가장 재미있었던 친구의 춤을 함께 따라해 본다.
- 소고춤을 춰보니 어떤 점이 재미있었니?
- 누구의 동작이 멋졌니? (아름다웠니?)
- 우리도 ○○처럼 소고춤을 춰보자.

6. 소고를 대신하여 춤을 출 수 있는 악기를 생각해보고, 집에서 찾아오기로 한다.
- 악기를 이용하여 춤을 춘다면 또 어떤 악기 춤을 추면 재미있을까?
- 집에 있는 악기 중에서 춤을 추기에 좋은 악기가 있다면 찾아오기로 하자.

연습문제 8-2

5. 종이 재질과 크기에 따라 딱지의 어떤 점이 다른지 비교해본다.
- 다른 종류의 종이로 딱지를 접었더니 딱지의 모습도 모두 다르구나.
- 딱지들의 어떤 점이 다른지 비교해보자.

6. 딱지치기에서 이길 수 있는 방법에 대해 생각해본다.
- 딱지치기를 해보니 딱지치기에서 이기려면 어떤 점이 중요할까?
- 어떤 딱지가 이기기 쉬운 딱지일까?
- 바깥놀이에서 딱지치기를 해보며 더 생각해보기로 하자.

연습문제 8-3

5. 서로의 그림을 감상하며 이야기 나눈다.
- 우리가 그린 사군자를 펼쳐놓고 둘러보자.
- 사군자를 보니 어떤 느낌이 드니?
- 앞에 나와 친구들에게 그림을 더 자세히 소개하고 싶은 사람 있니?
- 친구의 사군자에 제목도 지어주자.

6. 사군자를 잘 그리기 위해서 중요했던 점에 대해 회상해본다.
- 사군자는 우리가 사인펜이나 크레파스 등으로 그림을 그릴 때와 어떤 점이 달랐니?
- 굵은 선과 얇은 선을 잘 나타내려면 어떻게 해야 했니?
- 더 진한 (흐린) 그림을 그리려면 어떻게 해야 할까?

저자 소개

■ 홍 찬 의

중앙대학교 유아교육과 문학박사
배화여자대학교 유아교육과 교수

〈저서〉
유아교사를 위한 논리·창의 교육(2013)
유아교육과정(2016)

예비 영유아 교사를 위한 교육과정 워크북

교육계획을 위한 이론과 연습

1판 1쇄 인쇄 — 2017년 2월 21일
1판 1쇄 발행 — 2017년 2월 24일

저　　자 - 홍 찬 의
발 행 인 - 강 철 원
발 행 처 - 양 성 원
주　　소 - 경기도 파주시 월롱산로(야동동) 71
전　　화 - 031-946-3861(代)
팩　　스 - 031-946-3864
이 메 일 - tnwpub@naver.com
출판등록 - 2015년 8월 31일 제 2015-000211 호

ISBN 979-11-6126-017-4

정가 10,000원